རྒྱལ་སྤྱིའི་བོད་ཀྱི་གསོ་རིག་སློབ་གྲྭ།

International Academy for Traditional Tibetan Medicine
www.sorig.net

SKY FOUNDATION

Copyright 2013 Dr. Nida Chenagtsang སྨན་པ་ཉི་ཟླ་བྱེ་དག་ཅང་།

First Edition 2014 by IATTM
First french translation : Elise Mandine 2013
revised 2019
Copyright 2019 SKY FOUNDATION

All rights reserved. No part of this book may be reproduced without prior written permission from the publisher.

Introduction to Yuthok Nyingthig
The Path of the Rainbow Body
by Dr. Nida Chenagtsang

Special thanks to all those whose valuable contributions made this work possible.

SORIG KHANG FRANCE
གསོ་རིག་ཁང་།

Edition: BoD-Books on Demand
12/14 rond-point des Champs-Elysées
75008 Paris
Imprimé par BoD–Books on Demand, Norderstedt
ISBN : 9782322013739
Dépôt légal : Août 2019
Copyright ©SKI/ Sorig Khang International/IATTM www.sorig.net (eng)
www.sorigkhang.fr (fr)

Nida Chenagtsang

YUTHOK NYINGTHIG

Le chemin secret vers le corps d'arc-en-ciel

Table des matières

Préface 8
YUTHOK NYINGTHIG: TEXTE RACINE 11
    Ngöndro ordinaire...15
    Ngöndro extra-ordinaire 15
    Ngöndro quotidien 16
  Kyerim...18
    Guru Yoga Externe 19
    Guru Yoga interne 19
    Guru Yoga Secret 19
    Guru Yoga concis 19
    Pratique des Dakini 20
  Dzogrim..21
    Yoga du rêve...23
    Claire Lumière 23
    Yoga du Corps Illusoire 24
    Yoga du Bardo 24
    Phowa 24
  Karmamudra 25
  Mahamudra 27
  Dzogchen..29
  Pratiques supplémentaires 31
    Eliminer les obstacles 32
    Signes de la Pratique 32
    Pratique d'action médicale 33
    Pratique de Longue Vie 33
    Puja du Feu..33
    Amulette 34
    Pratique du pouls 34
    Pratique des Protecteurs..34
COMMENTAIRES SUR LE YUTHOK NYINGTHIG 35
  Zurkhar Nyamnyi Dorje 36

Kongtrul Yönten Gyatso...38

HISTOIRE DU YUTHOK NYINGTHIG 41
Yuthok l'Ancien (729—854) 42
Yuthok le Jeune (1126–1202) 44
La chanson de Yuthok 46
La lignée du Yuthok Nyingthig 50

APPENDICES 53
Liste des chapitres du Yuthok Nyingthig et contenus: 54
Chapitre 54
Description 54

Explications sur le Vajrayana.. 59
Origine du Bouddhisme Tibétain 59
Principales école du Bouddhisme tibétain 60
Chöd 61
Rimé 61
Le système du Vajrayana 62
Explications 64
Anatomie Vajra 66
Le Guru 66
Le système de la Transmission 67
Samayas 71
Base, Chemin et Résultat 72

Glossaire... 75

Bibliographie 85

Préface

Le chemin secret vers le corps d'arc-en-ciel

La pratique du Yuthok Nyingthig est une pratique spirituelle essentielle pour les praticiens de Sowa Rigpa, la médecine traditionnelle tibétaine. *Yuthok Nyingthig* signifie littéralement: "la quintessence de Yuthok" (*snying = coeur ; thig = essence*).

Cette pratique fut composée dans l'intention d'insuffler aux médecins, personnel médical et aux pratiquants du Dharma une compréhension profonde et harmonieuse, en les guidant dans l'expérience de l'union de la pratique médicale et de la pratique spirituelle. Il s'agit là d'une perception essentielle et subtile au niveau du corps, de l'esprit et de l'énergie, grâce aux 5 éléments.

La pratique du Yuthok Nyingthig apporte l'évolution spirituelle, la bonne santé, et la longévité pour tous ceux qui la pratiquent. C'est une pratique qui améliore les capacités thérapeutiques et la finesse de diagnostic des médecins. Ces aspects sont considérés comme des buts relatifs de la pratique.

Tandis que le but ultime de la pratique du Yuthok Nyingthig est orienté vers la maturité spirituelle grâce à laquelle le pratiquant atteint un niveau profond de perception et d'expérience tout au long de son chemin vers l'éveil spirituel. Ce but ultime s'inscrit dans le chemin spirituel qui mène au Corps d'Arc-en-Ciel, la plus haute réalisation spirituelle qui soit.

En me basant sur la promesse du Roi de la médecine, le grand Yuthokpa, je pense que lorsqu'un praticien de médecine suit les traces de Yuthok, il est important pour lui de suivre et pratiquer cette Sadhana du Guru du Yuthok Nyingthig au minimum pendant 7 jours consécutifs, ou bien sous forme de pratique quotidienne. C'est pourquoi je souhaite que cette publication soit bénéfique à tous les praticiens de médecine qu'ils soient familiers ou pas avec la pratique du Dharma.

Dr. Nida Chenagtsang, juillet 2013

Le texte racine du Yuthok Nyinigthig est un exposé des enseignements spirituels de Yuthok. Il fut écrit au 12ième siècle et constitue une partie de ce qui fut connu plus tard comme "les deux Joyaux" de Yuthok le Jeune.

L'autre joyau, dont le nom original est 'Gyud Shi', les quatre Tantras, se réfère à l'aspect relatif de Sowa Rigpa, la "science de la guérison", le terme traditionnel pour désigner la médecine tibétaine. C'est aussi la référence médicale standard pour le praticien de médecine tibétaine. Le Yuthok Nyingthig, considéré comme le second joyau, se réfère à l'aspect absolu de Sowa Rigpa qui, dans cette optique là, se traduit par "nourriture de la conscience.

Yuthok considérait que les pratiques spirituelles, le yoga et la méditation faisaient partie intégrante des études médicales. La pratique du Yuthok Nyingthig elle-même était associée avec le développement de pouvoirs spéciaux d'omniscience et de clairvoyance qui aident le médecin à devenir un meilleur guérisseur.

Dr. Nida Chenagtsang reçut la transmission du Yuthok Nyingthig de Khenpo Toru Tsenam et de Khonpo Tsultrim Gyaltsen. En retour, il s'est engagé à transmettre cette magnifique pratique spirituelle.

Tous les étudiants en médecine tibétaine et les étudiants ou praticiens des autres systèmes médicaux et pratiques de guérisons qui montrent une dévotion sincère à la tradition de guérison tibétaine peuvent recevoir cette transmission.

Cette *introduction au Yuthok Nyingthig* a été écrite pour donner un aperçu du cycle complet du Dharma de Yuthok, s'adressant à la fois aux étudiants débutants et confirmés.

Dr. Tam Nguyen, Juillet 2013

གཡུ་ཐོག་སྙིང་ཐིག་གི་རྩ་བའི་སྐོར།

gyu thog snying thig gi rtsa ba'i skor

YUTHOK NYINGTHIG: TEXTE RACINE

Le texte racine du Yuthok Nyingthig se décline dans les divisions et subdivisions suivantes:

1. Ngöndro: pratiques préliminaires
   a. Ngöndro ordinaire
   b. Ngöndro extraordinaire
   c. Ngöndro de routine (vie courante)
2. Kyerim étape de création
   a. Guru Yoga externe
   b. Guru Yoga interne
   c. Guru Yoga secret
   d. Guru Yoga concis
   e. Pratique des Dakini
3. Dzogrim (étape de Complétion)
   a. Tummo: Yoga du feu
   b. Yoga des rêves
   c. Claire Lumière
   d. Yoga du corps illusoire
   e. Yoga du Bardo (Yoga de l'état transitoire)
   f. Phowa (Yoga du transfer)
   g. Karmamudra (Sceau de l'Action)
   h. Mahamudra (Grand sceau)
4. Dzogchen (Grande Perfection)
5. Pratiques supplémentaires
   a. Eliminer les obstacles (Eliminer les obstacles secrets)
   b. Signes de la pratique (Eliminer les obstacles internes)
   c. Pratique de l'action médicale (Eliminer les obstacles externes)
   d. Pratique de longue vie
   e. Puja du feu (Rituel d'offrande)
   f. Amulette
   g. Pratique du pouls
   h. Protecteur

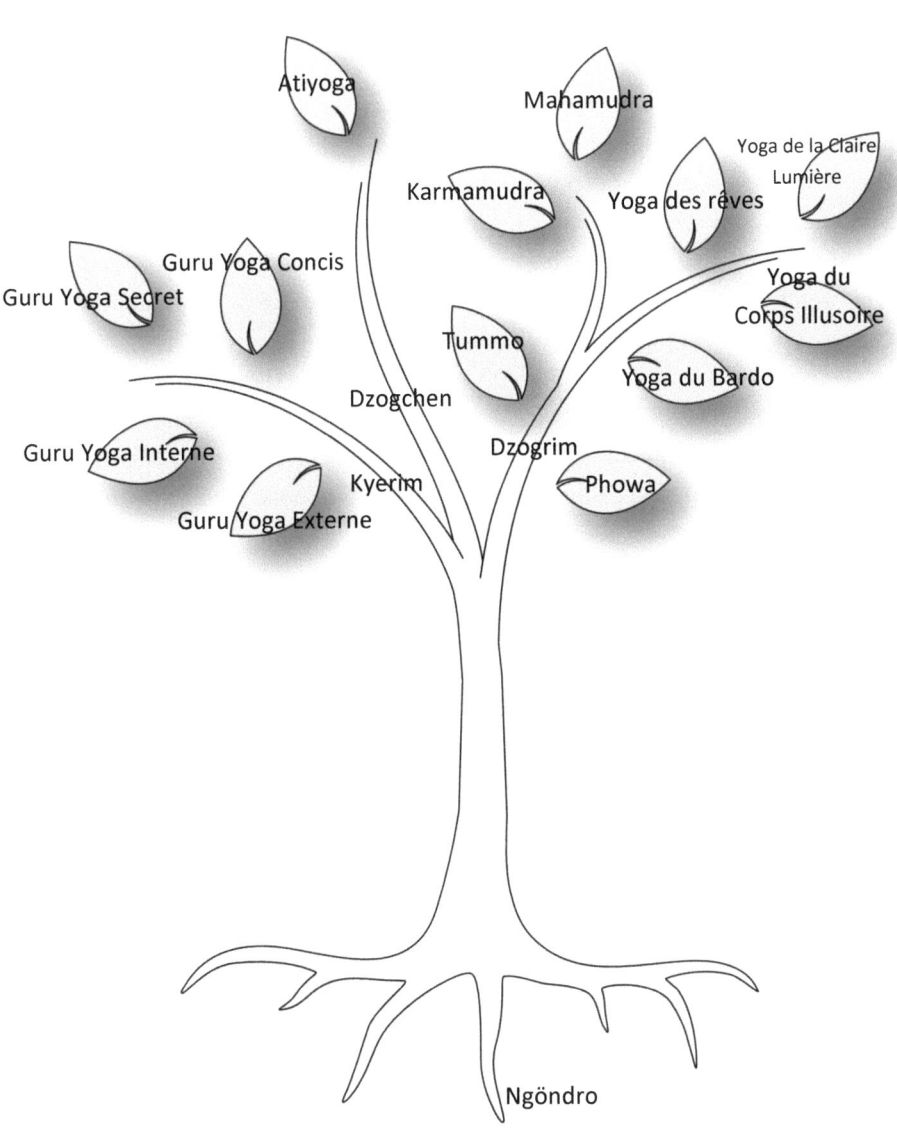

'Arbre du Yuthok Nyingthig', représentation schématique inspirée du système éducatif traditionnel de Sowa Rigpa.

Ngöndro

Ngöndro (Tib. སྔོན་འགྲོ།, Wylie: sngon 'gro) signifie pratique préliminaire ou préparation.

Le terme "préliminaire" se réfère à quelque chose de très basique mais très profond. Et d'une très grande importance. C'est une pratique essentielle !

Tout comme dans le développement d'un enfant où l'éducation, prodiguée en famille et en maternelle, est à la fois rudimentaire et très importante; la pratique du Yuthok Nyingthig Ngöndro est à la fois essentielle et très utile pour les débutants car c'est un moyen de considérer la valeur de la vie et de faire des progrès sur le chemin de la pratique spirituelle.

C'est comme pour la construction d'une maison: les fondations de la maison doivent être très solides afin de pouvoir construire un bâtiment complexe avec plusieurs étages. De la même façon, la pratique spirituelle a besoin d'une base stable pour se développer. Le Bouddha historique a mentionné Dix Bhumis, c'est à dire littéralement, les dix niveaux ou étages dans l'évolution spirituelle d'un Bodhisattva jusqu'à ce qu'il atteigne l'Eveil.

Dans le Bouddhisme tibétain traditionnel, les pratiques de Ngöndro sont souvent très longues et difficiles. Une forte dévotion est nécessaire pour les accomplir: au moins 100 000 prosternations, 100 000 récitations de la prise de refuge et de Boddhicitta, 100 000 offrande au Mandala, etc... Cependant, la pratique des Ngöndro de Yuthok (les préliminaires *extra-ordinaires ou non-ordinaires* du Yuthok Nyingthig) dure seulement 7 jours, et par conséquent, contient les bénédictions spéciales de Yuthok de façon condensée.

Dans les autres systèmes de Ngöndro, il y a deux étapes: celle des Ngöndro ordinaires et celle des Ngöndro extra-ordinaires, mais dans le Yuthok Nyingthig, les Ngöndros ont 3 aspects: ordinaire, extra-ordinaire et quotidien.

Ngöndro ordinaire

Les Ngöndro ordinaires (ou communs) sont connus sous le nom de "Transformation de l'esprit en 4 mouvements". C'est la base pour les autres pratiques plus spécifiques et dans le texte racine, ce sont les Ngöndro du Yuthok Nyingthig.

Cela s'appelle Ngöndro ordinaire parce que n'importe quel pratiquant spirituel peut le pratiquer. Celui qui le fait s'enrichit d'une réflexion sur le sens de la vie et la vraie valeur de la vie. Les quatre idées ou mouvements sur lesquels notre esprit devraient se concentrer et qui devraient modifier notre attitude sont les suivants:

- la difficulté d'obtenir une précieuse vie humaine
- l'impermanence de la vie
- la loi naturelle des causes et des effets
- la conséquence de vivre dans le Samsara

Ce qui nous amènera naturellement à cette réflexion:
- les bienfaits de la libération spirituelle

Ngöndro extra-ordinaire

C'est un concept Bouddhiste spécial qui éclaire la vie sous un jour particulier. Le mot Dharma se réfère en général à "chemin" ou "voie". Tout le monde dans toutes les traditions a sa propre façon de penser et de vivre ! Le point de vue du Bouddha s'appelle le Bouddha Dharma. C'est ce qui est appelé dans le Bouddhisme la vison extra-ordinaire, celle qui n'est pas commune aux autres.

Dans le Yuthok Nyingthig, il y a 7 aspects principaux:
1- le Refuge dans les Trois Joyaux (ou chercher protection dans les Trois Joyaux)
2- la Boddhicitta et les Quatre incommensurables (un entraînement de
l'esprit à l'amour bienveillant)
3- les Prosternations (une purification du corps)
4- l'Offrande du Mandala (pratiquer la générosité)
5- la Circumambulation (une méditation en marche consciente)

6- la Pratique de Dorje Sempa (la purification du karma négatif)
7- la Pratique de Kusali (réduire les attachements et les peurs)

Ngöndro quotidien
Une fois que les Ngöndro extra-ordinaires sont achevés, on doit intégrer une pratique quotidienne. C'est quelque chose qu'on pratique toute sa vie: lorsqu'on veut faire quelque chose pour aider les autres ou bien lorsqu'on désire aider les autres et les rendre heureux et en bonne santé. Cette pratique quotidienne se nomme aussi le Karma Yoga.

En intégrant la vie quotidienne à la pratique et la pratique à la vie quotidienne, on s'assure de garder la pleine conscience dans toutes nos actions.

Dans le texte original, il y a 6 points importants:
1- s'impliquer dans des projets de charité, en particulier ceux qui viennent en aide aux pauvres et aux malades.
2- trouver un moyen pour sauver des vies d'humains et d'animaux
3- aider à répandre les enseignements du Bouddha et de Yuthok, en particulier les Quatre Tantra Médicaux et le Yuthok Nyingthig.
4- créer une clinique ou un centre pour venir en aide à ceux qui en ont besoin
5- Faire des donations ou offrir son temps pour aider à construire des choses qui seront bénéfiques pour tous les êtres, comme des centres communautaires, des refuges d'animaux, des puits ou des ponts dans les pays pauvres.
4- prendre soin des animaux abandonnés en les nourrissant, en les soignant ou en sauvant leur vie. Protéger l'environnement en réduisant la consommation et en utilisant des produits recyclés.

Ces points reflètent les mots très simples du Bouddha:
"Recherchez les bonnes actions le plus possible, évitez les actions négatives autant que possible et domptez votre esprit. C'est cela la tradition Bouddhiste".
L'union de la compassion et de la sagesse dans tous les aspects est essentielle. Cela signifie qu'il faut pratiquer l'amour intelligent et la gentillesse avec talent. A

contrario la compassion conditionnée ou aveugle peut engendrer des problèmes et des conflits, comme par exemple, donner de l'argent à des gens sous dépendance de produits, ce qui leur permettra d'acheter encore plus de poisons pour eux mêmes. Ou bien libérer des animaux dans un habitat dans lequel ils ne pourront pas survivre. Ces exemples montrent l'importance d'avoir une vraie réflexion sur les conséquences de nos actes à long terme afin d'être réellement bénéfique aux êtres sensibles.

Kyerim

Guru Yoga Externe
Guru Yoga Interne
Guru Yoga Secret
Guru Yoga Concis
Pratique des Dakinis

En complément du refuge Bouddhiste dans les Trois Joyaux : Bouddha, Dharma et Sangha, le Bouddhisme Vajrayana introduit le refuge dans les Trois Racines: Guru, Deva, et Dakini, que l'on trouve dans la pratique du Kyerim du Yuthok Nyingthig.
Au contraire du Tantra Externe où on visualise la déité séparée de soi, la pratique du Kyerim permet de se visualiser soi-même sous la forme de la déité.
L'étape de création du Kyerim du Yuthok Nyingthig est présentée sous la forme de 4 Guru Yogas où Yuthok est le Guru et prend les apparences diverses de différents Bouddhas ou Devas et grâce aux 2 pratiques de Dakini qui suivent les Guru Yogas.
La pratique du Yuthok Nyingthig est une pratique du Guru Yoga "tout-en-un" où Yuthok prend la forme des 3 joyaux : Guru, Deva et Dakini.
En tant que partie du Mahayoga, cela marque la première étape de la pratique méditative des tantras Internes, complété par l'étape de complétion (Anuyoga).

Selon les enseignements de Yuthok, le Guru Yoga est le point clef pour éliminer et transformer toutes les émotions destructrices et les obstacles, afin de découvrir notre sagesse intime transcendentale, la conscience pure et immaculée. Grâce à ces bénédictions extraordinaires, il y a un espoir d'atteindre la réalisation instantanément.

Guru Yoga Externe

Le Guru Yoga externe se concentre sur Yuthok et les 4 Dakinis de la Médecine. Cela inclut les Quatre pouvoirs et le mantra du mandala externe de Yuthok en entier. Puis le mantra du Guru Yuthok est introduit au moment du mandala interne. Le Guru Yoga Externe peut se résumer à une méditation sur le Guru comme champ de refuge. Toute la pratique est condensée en une retraite de 7 jours. Elle est suivie par la pratique des Quatre Activités incluant une pratique méditative de guérison présente uniquement dans le Yuthok Nyingthig.

Guru Yoga interne

Le Guru Yoga interne ou inné inclut le Kyerim et le Dzogrim. La pratique du Kyerim se concentre sur Yuthok sous la forme du Bouddha de Médecine et inclut la pratique des Cinq Bouddha qui ouvrent les cinq chakras. La pratique du Dzogrim concerne la Claire Lumière. Cette méditation sur le Guru en tant que Bouddha est une pratique de 7 jours (Kyerim et Dzogrim ensemble). Il y a une pratique supplémentaire qui est l'étude méditative des Quatre Tantra Médicaux.

Guru Yoga Secret

Cette pratique est une méditation sur le Guru en tant qu'union des Trois Racines. La visualisation de soi est l'union de Hayagriva et Vajravarahi. Cette pratique utilise aussi les canaux et les chakras et combine le Kyerim et le Dzogrim dans une pratique de 7 jours ou plus. Il y a deux versions de la pratique du Guru Yoga Secret: une version simplifiée et une version plus élaborée.

Guru Yoga concis

Dans le Guru Yoga Concis, Yuthok apparaît sous la forme de Vajrasattva en union avec sa parèdre. Cette pratique est appelé "concise" à cause de son caractère simplifié. C'est une pratique quotidienne de Guru Yoga qui contient également une pratique de longue vie.

Pratique des Dakini

Pour réaliser cette pratique sur les Trois Racines, le Yuthok Nyingthig comporte une pratique spéciale des Dakinis qui suit les Guru Yogas.

Dzogrim

Tummo
Yoga du rêve
Yoga de la Claire Lumière
Yoga du Corps Ilusoire
Yoga du Bardo
Phowa

Les Six Yogas de Naropa sont très connus au Tibet. Il s'agit du Tummo, du Corps illusoire, de la Claire Lumière, du Yoga du Rêve, Yoga du Bardo et de Phowa. Les Six Yogas de Niguma sont pratiquement identiques à ceux de Naropa, mais ils diffèrent seulement dans le fait qu'ils sont transmis par un maître féminin, la yogini Niguma.
Depuis le 11ième siècle, les Six Yogas sont pratiqués surtout par les écoles Kagyu et Nyingma. On les considère comme une pratique de l'Anu-yoga, mais les Cinq grades de pratique Gelugpa leur ressemblent fortement, incluant la pratique du Corps Silencieux (Corps Illusoire), la Voix Silencieuse et l'Esprit Silencieux, la Claire Lumière et l'Union. La terminologie diffère, mais la pratique reste essentiellement la même.
Les Six Yogas sont une série de pratiques avancées du Tantra de l'Anuttara Yoga. C'est la partie principale de la pratique de l'étape de Complétion. Une connaissance profonde des structures subtiles des Trois Vajra est nécessaire pour comprendre totalement et réaliser complètement les Six Yogas. Le but principal est d'atteindre l'état de félicité et de claire lumière de la Bouddhéité
Dans le texte racine du Yuthok Nyingthig, les pratiques des Six Yogas sont expliquées à partir du 19ième chapitre "les Trois Kayas de l'étape de Complétion qui se manifestent d'eux-mêmes". Il n'y a pas de durée imposée pour ces yogas, mais il est stipulé que chaque yoga doit être pratiqué en retraite jusqu'à ce qu'il soit complètement réalisé.

Les Six Yogas représentent la pratique du cycle de la vie et de la mort et certains peuvent se pratiquer le jour et d'autres la nuit, selon le cycle auquel il correspond.

Le yoga du Tummo et celui du Corps Illusoire se pratiquent le jour car ils correspondent au cycle de la vie. Le yoga de la Claire Lumière et celui du Rêve se pratiquent la nuit car ils appartiennent au cycle de la mort. Le Phowa et le yoga du Bardo se pratiquent au moment de la mort.

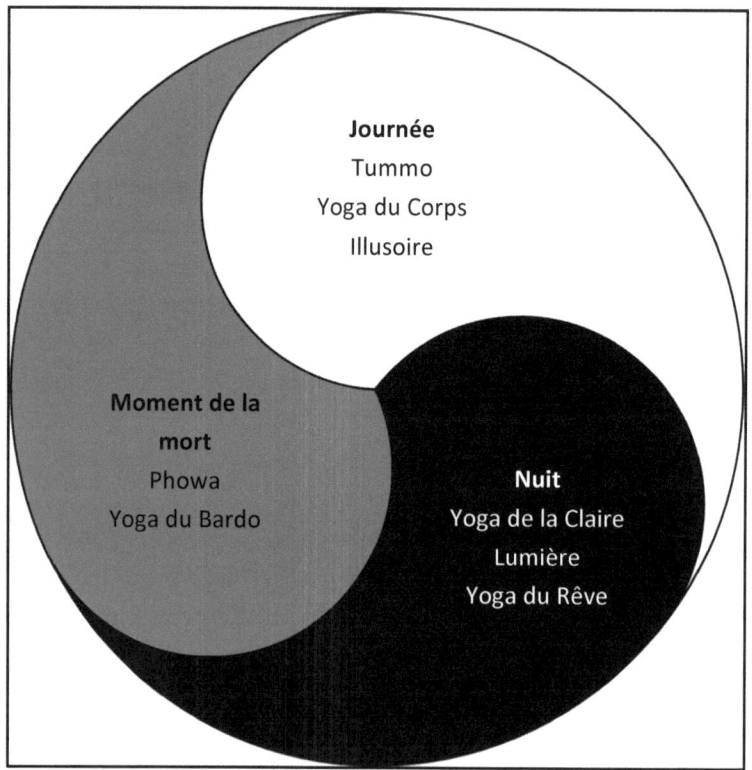

Tummo

Le nom complet du Tummo est གཏུམ་མོ་བདེ་དྲོད་རང་འབར། (*gtum mo bde drod rang 'bar*): Yoga du Feu Divin de la béatifiante chaleur embrasée par elle-même.

Le Tummo est la base fondatrice des autres pratiques dont le Karmamudra. C'est une pratique qui purifie toutes les énergies négatives et le mauvais karma. Elle augmente la félicité et la sagesse. C'est une pratique qui génère l'élément du feu divin intérieur pour éliminer la racine de tous les déséquilibres et augmenter la félicité parfaite et la sagesse.

Le Tummo se pratique en une retraite dans le noir de 7 jours et la pratique du Bumpachen.

Yoga du rêve

Le nom complet du Yoga du Rêve est རྨི་ལམ་ཉིད་འཁྲུལ་རང་དག (*rmi lam nying 'khrul rang dag*) : Yoga du Rêve de l'illusion qui se purifie par elle-même.

Rêver est l'étape intermédiaire entre l'état réveillé et l'état de la mort. Ainsi le yoga du Rêve est un pont entre la vie et la mort. Il est également considéré comme un moment de test car un bon pratiquant du yoga du Rêve ne s'inquiète plus du Bardo. En pratiquant le yoga du Rêve, on atteint une activité de l'esprit et de l'énergie qui était cachée, on se libère de tous les types de blocages et d'émotions perturbatrices.

Claire Lumière

Le nom complet du Yoga de la Claire Lumière est འོད་གསལ་གཏི་མུག་རང་སངས། (*'od gsal gti mug rang sngas*) : CLaire Lumière de l'Ignorance qui s'est éveillée par elle-même.

La Claire Lumière est l'aspect le plus essentiel des Six Yogas. Grâce à la Claire Lumière, la grande illusion du Samsara sera éliminée et on comprendra la vraie nature de l'esprit et la présence de la conscience.

La Claire Lumière "enfant" est l'expérience qu'un pratiquant peut atteindre et qui le prépare au processus de mort. Pendant le processus de mort, on réalise la Claire Lumière "mère" innée. Lorsque quelqu'un se dissout dans cette lumière, on parle de l'union de la Claire Lumière enfant et de la Claire Lumière Mère. Et c'est cela qu'on appelle "une réalisation spirituelle".

Yoga du Corps Illusoire

Le nom complet du yoga du Corps Illusoire est སྒྱུ་ལུས་ཆགས་སྡང་རང་གྲོལ། (*sgyu lus chags sdang rang grol*) : Corps Illusoire de l'Attachement et de l'Aversion qui se sont libérés d'eux-mêmes.

Le Corps Illusoire est un support essentiel au Tummo et il aide l'esprit à se libérer de l'attachement et de l'aversion, et aussi de découvrir et expériemnter la vraie nature du corps et de toute l'existence. Les 8 comparaisons utilisées le plus couramment par les pratiquants pour décrire les illusions sont : le rêve, la magie, l'hallucination, le mirage, l'écho, la ville des esprits, le reflet, l'apparition.

Yoga du Bardo

Le nom complet du Yoga du Bardo est (*bar do longs skyu rang shar*) : État intermédiaire du Sambhogakaya qui s'est automanifesté.

Le Bardo est une méthode de préparation pour obtenir un Sambhogakaya de pure illusion, c'est à dire que cela permet au pratiquant d'avoir le choix de sa prochaine naissance. Cette pratique permet au pratiquant de se familiariser avec le processus de mort, ce qui le conduira à la libération totale après la mort.

Phowa

Le nom complet de Phowa est : འཕོ་བ་མ་སྒོམ་སངས་རྒྱས། (*'pho ba ma sgom sngas rgyas*) : le transfer de conscience en tant que libération sans méditation.

Phowa est considéré comme un raccourci vers l'éveil. C'est comme un service d'urgence pour le pratiquant afin qu'il soit prêt pour le moment de la mort. C'est une pratique sur comment mourir en paix pour effectuer le dernier voyage spirituel vers la terre pure du Bouddha de Médecine.

Karmamudra

Karmamudra est la pratique de l'état d'orgasme qui est naturellement ressenti dans le chakra de la tête et dans le chakra de la base. "Karma" signifie "*action*" et "mudra" signifie "*geste*" ou "*partenaire*". Karmamudra est traduit par "chemin de la félicité" ou "pratique de l'union". Cette pratique peut être faite seul ou avec un partenaire et elle est conçue pour des gens actifs et jeunes.

Il y a deux aspects à la pratique : རང་ལུས་ཐབས་ལྡན། (*rang lus thabs ldan*) la pratique sur soi, et གཞན་ལུས་ཐབས་ལྡན། (*gzhan lus thabs ldan*) la pratique avec un partenaire.

En maintenant la conscience pendant la pratique, on peut comprendre la nature de l'esprit. Cela implique aussi de s'entraîner avec des exercices de yoga et utiliser l'énergie et les canaux pour atteindre différents niveaux d'expérience de béatitude en intégrant la méditation, pour l'homme comme pour la femme.

La nature de la vacuité peut être comprise grâce aux expériences des Quatre Félicités : དགའ་བ་བཞི། (*dga' ba bzhi*):

- དགའ་བ། (*dga' ba*) Félicité (dans le chakra de la gorge)
- མཆོག་དགའ། (*mchog dga'*) Félicité suprême (dans le chakra du coeur)
- ཁྱད་པར་གྱི་དགའ་བ། (*khyad par gyi dga' ba*) Félicité spéciale (dans le chakra du nombril)
- ལྷན་སྐྱེས་ཀྱི་དགའ་བ། (*ltan skyes kyi dga' ba*) Félicité innée (dans le chakra de la base)

Les quatre félicités s'obtiennent grâce aux pratiques du Tummo et du Karmamudra.

Le Yuthok Nyingthig comporte un long enseignement sur le Karmamudra et le considère comme un point clé pour atteindre l'expérience de la Claire Lumière. Il est mentionné en même temps que les Six Yogas dans le chapitre "Les Trois Kayas auto-produites de l'étape de Complétion".

Selon le Yuthok Nyingthig, le résultat du Karmamudra peut mener à la réalisation du Corps d'Arc en Ciel.

Localisation	Félicité	Vacuité
chakra de la gorge	*gda' ba* félicité	*stong pa* vacuité
chakra du coeur	*mchog dga'* félicité suprême	*stong chen* grande vacuité
chakra du nombril	*khyad par gyi gda' ba* félicité spéciale	*shin tu stong pa* vacuité extrême
chakra de la base	*ltan skyes kyi gda' ba* félicité innée	*rnam par stong pa* vacuité totale

Mahamudra

Mahamudra, littéralement, signifie "*grand geste*", mais il est couramment traduit par le "Grand Sceau". C'est l'une des pratiques les plus avancée parmi les méthodes de méditation du Vajrayana, et pratiquée par la plupart des écoles tantriques tibétaines. C'est un enseignement direct sur la vraie nature de l'esprit. Afin d'atteindre l'état ultime de l'esprit et couper les racines du samsara autrement dit des souffrances continuelles, le Mahamudra dévoile clairement la vraie nature de l'esprit et de tous les phénomènes et leur coexistence et comment on peut se libérer de la dualité.

L'enseignement du Mahamudra se trouve dans la tradition des Soutras et dans la tradition des Tantras, sans que leurs vues ne soient en rien conflictuelles en terme de pratiques; il est également présenté dans différentes méthodes de méditation. Avec les enseignements des Soutras comme la Prajnaparamita, il est pratiqué grâce aux méditations de Shamata et de Vipassana. La principale représentation du Mahamudra du Vajrayana se trouve dans les tantras de l'Anuttarayoga où il est pratiqué au moyen du yoga du Tummo, du yoga de la Claire Lumière et du Karmamudra.

Dans la plupart des enseignements du Mahamudra, il y a quatre pratiques détaillées importantes qu'on appelle les quatre yoga du Mahamudra: ཕྱག་ཆེན་གྱི་རྣལ་འབྱོར་བཞི་ནི། (phyag chen gyi rnal 'byor bzhi ni). On peut les comprendre comme différents états de l'esprit que le pratiquant expérimente l'un après l'autre. Ils sont essentiellement l'équivalent des quatre points du *trekchö* du Dzogchen, enseignement sur la vacuité. Donc le Dzogchen et le Mahamudra sont considérées comme des pratiques parallèles.

1- རྩེ་གཅིག (rtse gcig) *en un seul point* : dans cette étape, l'esprit concentré est uni avec la compréhension de la vacuité, ce qui apporte la félicité, la clarté et l'expérience de la non-dualité.
2- སྤྲོས་བྲལ (spros bral) *sans élaboration* : lorsqu'on maintient la méditation en un seul point, sans attachement, l'étape suivante est marquée par la familiarisation de l'esprit avec sa nature "au delà des constructions mentales", ce qui apporte la destruction de la pensée dualiste.
3- རོ་གཅིག (ro gcig) *un seul goût* (goût unique) : Lorsqu'on continue cette pratique

de méditation, l'esprit expériemente tous les phénomènes comme essentiellement identiques considérant la vacuité de leur nature, et qui ainsi dissolvent leur apparence inséparément de l'esprit.

4- སྒོམ་མེད། (sgom med) *sans méditation* : lorsque ce quatrième stade est atteint, toutes les activités mentales deviennent automatiquement méditation, car il n'est besoin de rien de plus pour "méditer dessus". Les six conseils de Tilopa reflètent cet état:

- ne pas rappeler (le passé)
- ne pas imaginer (le futur)
- ne pas examiner (le présent)
- ne pas analyser (essayer de tirer des conclusions)
- ne pas contrôler (essayer de faire arriver les évènements)
- ne pas penser (à la dualité, juste se détendre et se reposer)

Telle une continuation du yoga du Tummo , "pierre" fondatrice du Yuthok Nyingthig, qui vise à la transformation du corps subtil (canaux et chakras) et de la voix subtile (énergie rlung), la pratique du Mahamudra s'intéresse à l'esprit (thigle) pour réaliser complètement la transformation dans les Trois Kayas du Bouddha.

Au contraire du Karmamudra, selon Yuthok, les enseignements sur le Mahamudra sont adaptés aux adultes et aux personnes âgées. Ils sont mentionnés au 19ième chapitre "les Trois Kayas qui apparaissent d'elles-mêmes", et qui traite de l'étape de Complétion du Dzogrim.

Dzogchen

Cette pratique, connue sous le nom de Mahasandhi ou Atiyoga, est une technique de méditation directe pour révéler la nature ultime de notre esprit.

On traduit le terme de Dzogchen par "grande perfection", une pratique qui met un point final (au samsara). Car "dzog" signifie : "terminer, finir" et "chen" signifie "grand".

Dans le Yuthok Nyingthig, le chapitre consacré au Dzogchen se nomme : རྫོགས་ཆེན་ངོ་སྤྲོད་འཁོར་འདས་རང་གྲོལ། (rjogs chen ngo sprod lkhor 'das rang grol) : "l'auto libération du Samsara-Nirvana". C'est un chemin secret pour réaliser le corps d'arc-en-ciel final, l'expression de la complète transformation et le contrôl des éléments de la matière, de l'énergie et de l'esprit.

Les deux principales pratiques Dzogchen sont : ཁྲེགས་ཆོད། (khregs chod) briser la dureté et ཐོད་རྒལ། (thod rgal) littéralement : *traverser le crâne.*

Comme on l'a déjà dit: trekchö comporte quatre points similaires aux quatre yoga du Mahamudra, visant à briser toute logique et à trouver la vraie nature de la vacuité de tous les phénomènes, dont soi-même et la réalité.

1- མེད་པ། (med pa) Non-Existence

Ce point se réfère à l'idée que rien n'existe indépendamment ou par lui-même; ce qui rend tous les phénomènes vide d'existence propre.

གཅིག་པུ། (gcig pu) Unicité:

Basée sur la vue déjà mentionnée, l'unicité (oneness) exprime la réalisation que le "soi" et la réalité sont de même nature vide, invalidant la vision différentiatrice et la saisie de la dualité.

2- ཕྱལ་བ། (phyal ba) Omniprésence:

Cette nature de vacuité est au delà de l'esprit et de la matière.

1. ལྷུན་གྲུབ། (lhun grub) Manifestation spontanée

Tout est spontanément accompli tel quel.

Tögel montre comment réaliser la nature de la manifestation visionaire et illusoire du soi et de tous les phénomènes. C'est une pratique qui touche les énergies subtiles de la luminosité et des ténèbres grâce aux quels les pouvoirs des éléments cosmiques s'accumulent pour développer le corps divin de lumière, appelé aussi corps d'Arc en Ciel.

Alors que l'emphase du Trekchö est sur la vacuité, l'emphase du Tögel est sur l'apparence.

PRATIQUES SUPPLÉMENTAIRES

Pratiques supplémentaires

Eliminer les obstacles
Les signes de la pratique
Pratique d'action
Pratique de longue vie
Puja du feu
Amulettes
Pratique du pouls
Pratique des Protecteurs

Le Yuthok Nyingthig contient diverses pratiques annexes sur le chemin vers la réalisation spirituelle.

Eliminer les obstacles

En règle générale, cette pratique d'élimination des obstacles signifie d'agir contre les obstacles secrets qui entravent l'étude et la pratique du Yuthok Nyingthig et de la médecine tibétaine. Cela inclut une pratique quotidienne de visualisation de Yuthok avec les Quatre Dakini.

Signes de la Pratique

Egalement appelée pratique d'élimination des obstacles internes, ce chapitre décrit les signes de la pratique comme des guides importants pour progresser sur le chemin spirituel. A l'origine, cette pratique serait destinée uniquement au Guru, comme moyen de guider le disciple et n'était pas donnée directement au disciple. En reconnaissant les signes d'un résultat positif à la pratique, le Guru donne au disciple les instructions sur la manière d'éliminer les obstacles en cas de manque ou de signes négatifs; ou bien il peut lui donner des instructions sur la façon d'améliorer sa pratique si les signes sont corrects. Ce sujet se réfère donc aux obstacles internes.

Pratique d'action médicale
Cette pratique d'Action est également appelée pratique d'élimination des obstacles externes (obstacles du corps). Cela inclut l'étude médicale des 15 sujets sur les causes, le diagnostic et le traitement des désordres des Trois nyes pa, des désordres du sang, les maladies infectieuses, les désordres du métabolisme, la douleur, les traumatismes, les poisons etc. Cette pratique est destinée principalement aux pratiquants du Yuthok Nyingthig qui ne sont pas thérapeutes. La présentation est donc simplifiée en comparaison avec les Quatre Tantra de la Médecine.

Pratique de Longue Vie
Cette pratique montre un des moyens habiles du Vajrayana pour prolonger la durée de vie du pratiquant en accord avec la citation de Guru Rimpoché: "de toutes les activités, la première devrait être la pratique de Longue Vie. Si la vie est longue, elle peut être vertueuse. Ainsi, les buts de cette vie et de la prochaine pourront être atteints. La pratique de longue vie du Yuthok Nyingthig élimine et prévient les maladies d'une manière simple et efficace.

Puja du Feu
Les puja du Feu sont parmi les plus puissants rituels tantriques, effectués pour des raisons spéciales et en particulier pour accomplir les Quatre Actions:
- apaiser (famine, épidémie, catastrophe naturelle et guerre)
- augmenter (sagesse, longévité, mérite et fortune)
- contrôler (ses émotions et les trois royaumes)
- détruire (obstacles insurmontables et forces négatives)
Le Yuthok Nyinthig contient une pratique de puja du feu complète qui est utilisée pour le bien des patients, des familles et des communautés.

Amulette
Le texte explique en détail comment créer, activer et utiliser cette amulette concise pour se protéger contre les influences des énergies négatives et les éviter.

Pratique du pouls
Ces instructions spéciales concernent la pratique de la lecture du pouls et sont donc destinées aux médecins formés en Médecine traditionnelle tibétaine Lors d'une retraite spirituelle, les pratiquants améliorent leurs capacités de diagnostic par la lecture du pouls grâce aux bénédictions des déesses de médecine et des rishis.

Pratique des Protecteurs
Les Mahakala ou Protecteurs de la médecine sont les gardiens de la tradition du Yuthok Nyingthig et des Quatre Tantras. En accomplissant les pratiques des Protecteurs, les pratiquants se protègent des obstacles mondains et "fausses routes" spirituelles, en particulier dans les périodes difficiles.
Le principal protecteur de la médecine est Shanglon. Il est représenté sous deux aspects: le Shanglon paisible accompagné de 5 assistants[1], il assure la santé et la fortune; et le Shanglon Courroucé accompagné d'une suite de 8 assistants[2], il soutient la pratique spirituelle.

---

[1] Nodjin Dondrubma, Zambhala, Namsei, Mahakala, Pancha Yakcha
[2] Mamo Ekazati, Zachen Rahula, Chechang Chumar, Shanpa Merutse, Damchen Dorje Legpa, Shanti Nagmo, Jigche Marmo, Habse Lekhan

གཡུ་ཐོག་སྙིང་ཐིག་གི་འགྲེལ་བའི་སྐོར།

COMMENTAIRES SUR LE YUTHOK NYINGTHIG

Zurkhar Nyamnyi Dorje

Au 15ième siècle, Zurkhar Nyamnyi Dorje, un maître spirituel accompli et médecin appartenant à la lignée, a édité le Yuthok Nyingthig ainsi que les Quatre Tantra de la Médecine après avoir eu une vision de Yuthok qui lui demandait de clarifier les textes et d'y ajouter une pratique du Guru Yoga que Zurkhar a reçu sous la forme d'un terma. La raison était qu'à cette époque, certains pratiquants ne faisaient pas correctement cette pratique des enseignements spirituels et médicaux.

Zurkhar a également fondé l'école Zur, une des deux plus grandes écoles médicales de médecine tibétaine. Ses enseignements qui combinaient spiritualité et médecine devinrent la base fondatrice de l'étude et de la pratique du Collège Médical de Chagpori à partir du 17ième siècle, puis plus tard, celle du Men Tsee Khang de Lhassa.

Les clarifications de Zurkhar Nyamnyi Dorje comportent l'élaboration de textes plus courts et d'instructions qui, jusque là avaient été transmises uniquement oralement. Elles constituèrent les fondements des blocs d'impression en bois du Collège médical de Chagpori sur lesquels la plupart des éditions du Yuthok Nyingthig sont actuellement basées. Zurkhar a également écrit un commentaire détaillé sur le chapitre médical du Yuthok Nyingthig appelé "Enseignement oral sur un milliard de reliques" avec 416 chapitres et des commentaires variés sur les Quatre Tantra Médicaux, plusieurs d'entre eux concernant la *materia medica.*

Sa Sainteté le 5ième Dalaï Lama

Ngawang Lobsang Gyatso, le célèbre 5ième Dalaï Lama, à qui on attribue l'unification politique et spirituelle du grand Tibet au 17er siècle, écrivit plusieurs volumes sur divers sujets, pas seulement bouddhiques, mais aussi sur la médecine, l'astrologie et d'autres sujets.

Son premier ministre, Desi Sangye Gyatso, était un fervent adepte de la médecine tibétaine et il a fondé le Collège Médical Chagpori à Lhassa au Tibet. Il est l'auteur du célèbre *Béryl Bleu*, un commentaire contenant environ 80 thangkas (tableau déroulant) décrivant le plus important travail de la médecine tibétaine: les Quatre Tantra Médicaux (le *gyu shi*) de Yuthok.

Les études médicales, depuis l'époque du 5ième Dalaï Lama, se font sur la base des Quatre Tantra Médicaux. La pratique spirituelle de la médecine étant le Yuthok Nyingthig. Beaucoup de centres monastiques de médecine tibétaine, hôpitaux et cliniques suivent aussi cette pratique spirituelle.

Les commentaires du 5ième Dalaï Lama reliés au Yuthok Nyingthig incluent : "l'arbre qui exauce les souhaits"[3]: une pratique de ganapuja compilée; et "l'arbre de Dorje Dundul qui exauce les souhaits"[4] qui est une pratique de protecteur supplémentaire introduisant le Shanglon paisible de la Fortune.

---

[3] Yuthok Nyingthig Ganapuja *The Wish-Fulfilling Tree of Sadhana*
[4] Part of *Yuthok Nyingthig Short Practice of Medical Protector Shanglon*

Kongtrul Yönten Gyatso

Le commentaire le plus célèbre sur les quatre guru yoga est : "les notes sur la pratique en trois volets : Extérieur, Intérieur et Secret de la Sadhana du Guru", par Kongtrul Yönten Gyatso.

Né au 19ième siècle dans l'est du Tibet, Kongtrul était entraîné depuis son plus jeune âge dans les sciences classiques comme l'artisanat (craftsmanship), la logique, le Sankrit, la grammaire, la médecine et le dharma.

En conséquence, il devint un éminent maître Rimay, reconnu par toutes les écoles bouddhistes à cause de sa vaste connaissance des enseignements quelles que soient leurs traditions d'origine, ainsi que pour ses compilations de centaines de volumes d'enseignements. Dans cette fameuse collection, on trouve le *Rinchen Terzöd* auquel il ajouta les termas des textes du Yuthok Nyingthig.

Le Guru Yoga du Yuthok Nyingthig et ses commentaires se trouvent dans la section "*Chakra du nombril*" appelé : "*les déités de l'amrita à connaître*" ('Deities of Knowable Amrita'.)

Dans son approche directe aux pratiques du Yuthok Nyingthig, il relie les quatre guru yoga ensemble dans une seule retraite de 4 semaines, durant laquelle le Guru Yoga Externe se concentre sur le guru en tant que champ de refuge, le Guru Yoga Interne se concentre sur le guru en tant que Bouddha, le Guru Yoga Secret se concentre sur le guru en tant que Trois Racines, et enfin le Guru Yoga concis se concentre sur le guru en tant que Vajrasattva Yab-Yum.

Lorsqu'on arrive aux 6 yoga du Dzogrim du Yuthok Nyingthig, Kontrul Yönten Gyatso dit que les explications sont tellement claires qu'il n'y a besoin d'aucun commentaire.

Karma Jigme Chökyi Senge

L'érudit bouddhiste du 19ième siècle Karma Jigme Chökyi Senge écrivit plusieurs commentaires sur différents chapitres qui sont aujourd'hui utilisés couramment comme base des pratiques du Yuthok Nyingthig:

- *Miroir de la compréhension intuitive immaculée : une offrande du feu qui pacifie.* C'est le texte le plus utilisé pour la puja du feu du Yuthok Nyingthig.
- *Puja de la médication de bénédictions: "l'ornement de l'esprit du rishi".* C'est une puja supplémentaire destinée à bénir les médicaments.
- *Joyeux Océan de Siddhis : un manuel d'instruction pour les pratiques d'approche de la Sadhana du Guru Yoga.* C'est un commentaire sur le Guru Yoga Secret.
- *L'escalier qui mène à la terre pure des trois kayas : une explication détaillée de la lignée orale (Staircase for Traveling to the Pure Lands of the Trois Kayas: A Detailed Explanation of the Aural Lineage).* Une pratique compilée de Ganapuja.
- *Le miroir clair des 9 Protecteurs.* Une pratique des 9 protecteurs de la médecine.

Karma Jigme fut l'un des derniers et plus importants maîtres de la lignée du Yuthok Nyingthig au Collège médical de Chagpori. Il dédia toute sa vie à l'enseignement et à la transmission dans le Tibet central, contribuant ainsi grandement à la préservation des enseignements.

གཡུ་ཐོག་སྙིང་ཐིག་གི་ལོ་རྒྱུས།

HISTOIRE DU YUTHOK NYINGTHIG

Yuthok l'Ancien (729—854)

Le plus grand médecin tibétain naquit au 15ième siècle pendant le mois du Singe. Selon les légendes, des arcs-en-ciel apparurent dans le ciel, de la lumière et de la musique se manifestèrent spontanément. Ses parents le nomèrent Yönten Gonpo, ce qui signigie : "Seigneur de la connaissance".

Très jeune, il montrait déjà les signes d'extraordinaires capacités et de grande compassion et il reçut des visions du Bouddha de Médecine et d'autres êtres éveillés. Ainsi à l'âge de 10 ans, le Roi l'invita au palais de Samye où son expertise médicale fut testée en même temps que celle de beaucoup d'autres médecins tibétains plus âgés. Yuthok montra sans faillir une compréhension exceptionnelle de la médecine traditionnelle tibétaine, à tel point que le Roi lui offrit un poste en tant que médecin chef.

Ses voyages furent nombreux: vers l'Inde, le Népal, la Chine et Odiyana, ainsi que des voyages mystérieux vers les Terres Pures. Yuthok étudia également au monastère de Nalanda et reçut des enseignements en astrologie et en astronomie.

Au cours de sa vie, il rencontra des savants et des maîtres spirituels, reçut des enseignements et transmissions de diverses traditions comme la pratique des Dakinis reçue de la ngakmo Tokpai Randrol et d'autres enseignements divers, des mantras de protection et de médecine de Guru Rimpoché. Grâce à sa pratique spirituelle dévouée, il reçut des instructions plus avancées, des prophéties et des enseignements lors de ses nombreuses visions.

A l'âge de 48 ans, Yuthok acheva la rédaction des Quatre Tantra Médicaux, et écrivit beaucoup d'autres textes qu'il utilisait comme textes d'enseignements et d'éducation pour ses disciples, établissant ainsi les premiers standards du système éducatif médical qui existe encore au Tibet aujourd'hui.

Yuthok créa le premier centre d'apprentissage de la médecine tibétaine, appelé Menlung Gonpa Tanadug à Konpo. Il y enseignait tous les jours. Parmi ses milliers de disciples, se trouvait ngakmo Damey Mentsun, sa disciple féminine principale.

Il resta en méditation pendant 3 ans, 3 mois et 3 jours dans une grotte recouverte de neige, dans la montagne de Lachi. Lorsqu'il revint dans sa ville Todlungkyina, les habitants, joyeux, lui offrirent de la nourriture, ce à quoi il répondit : "je ne mange pas de viande et je ne bois pas d'alcool". Ce fut la première fois qu'il donnait un enseignement sur la Ganapuja, expliquant que sans la base d'une pratique de méditation vraiment stable, personne ne devrait boire d'alcool, ni manger de viande.

A l'âge de 85 ans, Yuthok se marria avec Dorje Tsomo avec qui il eut 3 fils à qui il transmit tous ses enseignements.

Après avoir écrit une trentaine de livres sur la médecine, l'astrologie et les pratiques spirituelles, Yuthok écrivit son texte médical final, appelé le Nyamtig Thongba Dontan et à l'âge de 120 ans il transmit son dernier enseignement à ses disciples. Il leur dit qu'il allait bientôt partir pour la Terre Pure du Bouddha de Médecine et que là, il allait continuer ses activités.

Le 15ième jour du mois du Singe de l'année du Rat, le grand Yuthok atteint le corps d'arc-en-ciel complet, avec sa femme Dorje Tsomo et leur chien. Leurs corps se disolvèrent dans la lumière et les arcs-en-ciel. Des sons naturels furent entendus, la terre bougea et les lumières des 5 couleurs et des arcs-en-ciel se manifestèrent. Il y eut un ciel clair et une pluie de fleurs pendant 3 mois entiers; tous ces signes sont ceux de la plus haute réalisation.

Leurs trois fils et leurs disciples construisirent un Stupa de Libération et des statues de Bouddha de Médecine, en souvenir de Yuthok.

Yuthok le Jeune (1126–1202)

Né dans le village de Goshi Rethang, dans le Tibet occidental, son père était Yuthok Khungpo Dorje et sa mère Pema Odenma. Yuthok arriva dans une lignée de famille de médecins de la cour royale dont on peut retracer l'histoire jusqu'au temps du Roi Lha Thothodi (441-561).

A l'âge de 8 ans, il commença à étudier un grand nombre de sujets allant de la médecine au Bouddhisme, en passant par les arts et les langues, avec son père et d'autres enseignants, dont Manjushri.

Lorsqu'il eut 14 ans, il commença à voyager dans le Tibet central où il rencontra un Geshe appelé Roton Konchok Kyap qui lui transmit les Quatre Tantra de la Médecine: *l'instruction secrète de l'essence d'ambroisie"*.

Quatre ans plus tard, il se rendit en Inde pour la première fois et étudia les *"huit branches de la guérison, le Somaradza"*, et d'autres traités sur la médecine avec Paldan Trenwa.

A son retour au Tibet, il mit en place une clinique et commença à enseigner la médecine. Ensuite il se rendit à nouveau en Inde où il reçut un enseignement de la Dakini Mandarava qui devint plus tard le Yuthok Nyingthig, *la quintessence de Yuthok*.

On raconte ensuite qu'il voyagea en Inde encore 6 fois. Il devint non seulement un médecin inégalé, acclamé sous le nom de "Yuthok Yönten Gönpo", ce qui signifie "Yuthok, seigneur de toutes les qualités", mais il était également un maître spirituel accompli, ayant reçu des visions des Bouddhas et ayant montrés des signes exceptionnels.

Un jour, lors d'un de ses enseignements dans la résidence du gouverneur du Tibet, des fruits frais de l'Arura d'Or tombèrent des murs à l'intérieur de la résidence pendant une heure. Les gens se précipitèrent pour ramasser les fruits, se battant même les uns les autres. Yuthok annonça que s'ils n'avaient pas agacé la Déesse de la Médecine avec leur attitude égoïste, ils auraient reçu une pluie d'autres médecines spéciales.

Quand son disciple principal Sumtön Yeshe Zung demanda à Yuthok la signification de ces signes spéciaux, Yuthok expliqua que ces signes avaient 3 niveaux d'interprétation: extérieur, intérieur et secret.

A un niveau extérieur, cela signifiait que personne au Tibet ou en Inde ne pouvait égaler le savoir de Yuthok. La signification intérieure était que Yuthok avait atteint les 8 grands pouvoirs (dont la marche rapide) et la signification secrète était que Yuthok était un et le même que l'infinité des mandalas de tous les Bouddhas.

En particulier, ces signes montraient qu'il était une émanation du docteur du Bouddha, de Padmasambhava, de Ashvagosha, de Padampa Sangye, de Virupa, du célèbre docteur Kyebu Mela et au Tibet, de Srongtsen Gampo, de Yuthok l'Ancien et aussi de Gampopa.

Toute sa vie, Yuthok s'est dévoué totalement aux autres, pas seulement par ses enseignements, mais aussi en faisant le don des médicaments qu'il préparait pour les gens malades et en donnant des vêtements aux nécessiteux.

Une fois, alors que Yuthok était parti rendre hommage à une statue de Bouddha qui s'était spontanément manifestée, une lumière émana du coeur de la statue, et elle se mit à résonner du mantra du Bouddha de Médecine qui se répandit tout autour. Puis la lumière, en se dissolvant, entra par le sommet de la tête de Yuthok. Il resta absorbé, le regard perdu en contemplation pendant un moment, puis il appela son étudiant Sumtön Yeshe Zung et lui dit: "Tu m'as suivi pendant 12 ans. Maintenant, si tu as encore des doutes et des questions, s'il te plaît, dis les moi maintenant, car je vais bientôt partir pour une autre terre."

Sumtön Yeshe Zung était choqué par cette nouvelle et se mit à pleurer à la pensée que son maître allait mourir. "Ne pleure pas, je vais encore vivre un moment. Je t'ai dit cela pour te faire comprendre la nature transitoire de la vie."

Sumtön rendit hommage à son maître et fit une offrande symbolique de l'univers, puis il lui demanda un ultime enseignement qui lui permettrait d'atteindre l'état de Bouddha. En réponse, Yuthok enseigna le Guru Yoga du Yuthok Nyingthig.

On dit qu'à l'âge de 76 ans, Yuthok rassembla tous ses étudiants pour un dernier enseignement avant de réaliser le corps d'Arc-en-ciel et de partir pour Tanadug, la Terre Pure du Bouddha de Médecine.

La chanson de Yuthok

Quand il atteignit 76 ans, Yuthok fit appel à tous ses disciples pour leur offrir un enseignement et leur fit de nombreux cadeaux. En cette occasion, il raconta brièvement l'histoire de sa vie dans le chant suivant :

Oh! Écoutez vous, les chanceux!
Écoutez bien, gens du monde,
En particulier, vous qui êtes réunis ici.
Bien que vous en ayez entendu déjà beaucoup,
Ce n'était que paroles absurdes et illusoires,
Aujourd'hui vous écouterez quelque chose qui a réellement du sens.
Bien que par le passé vous ayez déjà vu beaucoup de choses
Ce n'était que des dessins de visions fausses et trompeuses.
Aujourd'hui, ce que vous voyez purifiera les deux obscurcissements.

Si vous ne savez pas qui je suis,
Je suis l'émissaire de tous les Bouddhas,
Je suis le refuge de tous les êtres.
Tout le monde animé et inanimé est imprégné de mon corps, de ma voix et de mon esprit.
La forme illusoire de ce corps
Est de la nature d'une multitude de divinités sacrées ;
Sa matérialité est intrinsèquement pure.
Et comme un Arc-en-ciel, il ne peut être saisi, cependant
Comme le reflet de la lune dans l'eau, il apparaît partout.

Le son vide de ma voix est le chant de l'écho
Résonnant du son de quatre-vingt-quatre mille Dharmas,
Il se manifeste comme une pluie d'enseignements pour ceux qui ont besoin d'être guidés,
Et il place tous les êtres sur le chemin qui mûrit et libère.

Dans la clarté et la vacuité de mon esprit, l'état authentique ineffable,
Le Bonheur pénètre tout, en surgissant sans cesse et
Le vide et la compassion sont indifférenciés.

Ainsi, les phénomènes créés par l'esprit sont-ils libérés naturellement.

En un instant je suis un Bouddha complètement éveillé
En un instant, je voyage vers les centaines de champs de Bouddhas
En un instant je rencontre des centaines de Bouddhas
En un instant, je manifeste en des centaines d'émanations
En un instant je guide des centaines d'êtres
Et j'ai obtenu toutes les qualités de l'Eveil parfait.

Avec une foi qui ne connaît pas l'incertitude
Priez sans avoir aucun doute!
Bien que les cataractes de la vision impure
Vous empêchent de voir toutes mes qualités,
Dans les perceptions ordinaires partagées par tous,
Je suis le médecin qui, avec la médecine de la compassion habile,
Soigne la maladie mentale interne des trois émotions,
La maladie extérieure des trois humeurs, de Vent, de Bile et de Phlegme,
Le titre de "docteur" me revient.

J'explique le canon bouddhiste et ses commentaires de mémoire,
Avec la logique qui surpasse les défis des fondamentalistes,
Je soutiens l'étendard de la victoire de la doctrine bouddhiste,
Le titre "d'érudit" me revient.

Je suis allé à Sri Parvata et
Les voleurs ont créé des obstacles sur mon chemin
Mais d'un regard je les ai tous paralysés,
Le titre de "siddha" me revient.

Sur mon chemin vers Odiyana,
Les Dakinis mangeuses de viande
Me lancèrent des météorites et des rayons pour me frapper,
J'ai fait un geste menaçant et toutes les Dakinis se sont écroulées,
Le titre de "siddha" me revient.

Sur mon chemin pour Ceylan
Le bateau s'est brisé en morceaux au milieu des vagues,
J'ai volé comme un oiseau et aussi sauvé mes compagnons,
Le titre de "siddha" me revient.

Quand je suis allé au bois de Kali
Une vapeur de serpents venimeux s'est propagée comme un brouillard obscur,
J'ai médité dans la compassion et le brouillard s'est rapidement dissipé,
Le titre de "siddha" me revient.

Quand j'ai été en Perse
J'ai rencontré l'armée des Mongols,
C'est pourquoi j'ai traversé les montagnes rocheuses d'ici jusqu'à là-bas
Le titre de "siddha" me revient.

Quand j'ai visité Swayambhu
J'ai combattu avec les Bonpos par magie,
Durant un demi-jour je suis resté assis dans l'espace,
Le titre de "siddha" me revient.

Je suis allé de Bodhgaya au Tibet
En seulement un seul un jour
Apportant une fleur fraîche comme cadeau,
Le titre de "siddha" me revient.

Dans le lieu de Tshongdu Kormoru au Tibet Occidental
J'ai empêché que le soleil se montre et
J'ai provoqué la chute d'une pluie d'Arura dorée,
Le titre de "siddha" me revient.

Il serait interminable de relater tous les événements de ma vie.
Pour celui qui a conquis la liberté d'esprit
Il n'y a pas de troubles causés par la terre, l'eau, le feu ou le vent, les dieux ou les démons,
Ni par des ennemis animés ou inanimés.

*Il vole dans le ciel plus rapide que les oiseaux,
Plonge dans les eaux sans rien qui puisse l'arrêter,
Il pénètre dans les montagnes comme une météorite ou un rayon.
Au milieu du feu, il est le dieu du feu.*

*Les êtres de cette ère dégénérée ont peu de mérites
Et peu nombreux sont ceux qui me trouvent et m'écoutent.
Ceux qui me voient, m'écoutent, pensent, me touchent et ont foi en moi
Produisent le bourgeon de l'esprit de l'illumination,
Purifient les négativités accumulées à travers des éons
Surpassent les obstacles et les conditions contraires de cette vie,
Se libèrent eux-mêmes, libèrent les autres
Et tous ceux qui les suivent.*

*Je procure du bonheur à ceux qui entretiennent des visions négatives à mon égard et me font du mal,
Et ainsi je les transporte de bonheur en bonheur.
Il n'y a pas de doute là dessus.*

*Si tu me remets ton cœur et ton esprit,
Que tu m'invoques sincèrement,
Surpasses ton manque de foi et
Que tu espères en moi comme un refuge pour toute ta vie
Immédiatement tes deux obscurcissements diminueront.
En me rencontrant dans la réalité, dans tes visions ou dans tes rêves,
Je te révélerai le chemin vers le but temporel et le but ultime.*

*Vous tous, ici présents, maintenant et les étudiants à venir
Mes enfants et disciples, rappelez-vous cela!
Pour le moment, mon travail d'instruire les êtres dans ce monde est terminé ;
Maintenant je pars vers la terre pure du Bouddha de Médecine.*

La lignée du Yuthok Nyingthig

1. སངས་རྒྱས་སྨན་བླ། (sangs rgyas sman bla) Bouddha de Médecine
2. གུ་རུ་པདྨ་འབྱུང་གནས། (gu ru pad ma 'byung gnas) Padmasambava (8ième siècle)
3. གཡུ་ཐོག་ཡོན་ཏན་མགོན་པོ། (gyu thog yon tan mgon po) Yuthok Yonten Gonpo l'Ancien (8ième siècle)
4. མཁའ་འགྲོ་མ་དཔལ་ལྡན་ཕྲེང་བ། (mkha' 'gro ma dpal ldan phreng ba) Dakini Palden Tringwa
5. གཡུ་ཐོག་གསར་མ་ཡོན་ཏན་མགོན་པོ། (gyu thog gsar ma yon tan mgon po) Yuthok Yönten Gönpo, le Jeune (1126 - 1201)
6. སུམ་སྟོན་ཡེ་ཤེས་གཟུངས། (sum ston ye shes gzungs) Sumtön Yeshe Zung (12ième siècle)
7. གཞོན་ནུ་ཡེ་ཤེས། (gzhon nu ye shes) Zhönnu Yeshe (12-13ième siècle)
8. ཞང་སྟོན་སངས་རྒྱས་ཡེ་ཤེས། (zhang ston sangs rgyas ye shes) Zhangtön Sangye Yeshe
9. མཁས་བཙུན་རིན་ཆེན་རྡོ་རྗེ། (mkhas btsun rin chen rdo rje) Khetsün Rinchen Dorje
10. བྲང་ཏི་དངོས་གྲུབ་རྒྱ་མཚོ། (brang ti dngos grub rgya mtsho) Drangti Ngödrup Gyatso
11. བྲང་ཏི་དཀོན་མཆོག་རྒྱལ་མཚན། (brang ti dkon mchog rgyal mtchan) Drangti Könchok Gyeltsen
12. བྲང་ཏི་དཀོན་མཆོག་སྐྱབས། (brang ti dkon mchog skyabs) Drangti Könchok Kyap (14ieme siècle)
13. ཟུལ་ཕུ་རིག་འཛིན་སྨན་མོ་རིན་ཆེན། (zul phu rig 'dzin sman mo rin chen) Zülpu Rigzin Menmo Rinchen
14. རྣལ་འབྱོར་བསོད་ནམས་དབང་པོ། (rnal 'byor bsod nams dbang po) Naljor Sonam Wangpo
15. རྣལ་འབྱོར་ཆེན་པོ། (rnal 'byor chen po) Naljor Chenpo

16. རི་ཁྲོད་ཞིག་པོ། (ri khrod zhig po) Ritrö Zhikpo
17. ཟུར་མཁར་མཉམ་ཉིད་རྡོ་རྗེ། (zur mkhar mnyam nyid rdo rje) Zurkhar Nyamnyi Dorje (1439 - 1475)
18. དབྲག་དབོན་དཀོན་མཆོག་བཟང་པོ། (dbrag dbon dkon mchog bzang po) Trakbön Könchok Zangpo
19. (dkon mchog nam mkha' rin chen dpal) Könchok Namkha Rinchen Pel
20. ལེགས་ལྡན་རྡོ་རྗེ། (legs ldan rdo rje) Lekden Dorje
21. བཀྲ་ཤིས་སྟོབས་རྒྱལ། (bkra shis stobs rgyal) Trashi Topgyel
22. བྱང་བདག་རིག་འཛིན་ངག་དབང་། (byang bdag rig 'dzin ngag dbang) Jangdak Rigzin Ngakwang
23. ཟུར་ཆེན་ཆོས་དབྱིངས་རང་གྲོལ། (zur chen chos dbyings rang grol) Zurchen Chöying Rangdröl
24. ངག་དབང་བློ་བཟང་རྒྱ་མཚོ། (ngag dbang blo bzang rgya mtsho) Ngakwang Losang Gyatso
25. བློ་བཟང་ཚེ་དབང་། (blo bzang tshe dbang) Losang Tsewang
26. ཀུན་བཟང་གྲོལ་མཆོག (kun bzang grol mchog) Künzang Drölchok
27. ཆོས་འབྱོར་རྒྱལ་མཚོ། (chos 'byor rgyal mtsho) Chöjor Gyeltso
28. རིག་འཛིན་བཟང་པོ། (rig 'dzin bzang po) Rigzin Zangpo
29. པདྨ་གསང་བདག་བསྟན་འཛིན། (pad ma gsang bngag bstan 'dzin) Padma Sangngak Tenzin
30. ཆོས་ཀྱི་རྒྱལ་མཚན། (chos kyi rgyal mtshan) Chökyi Gyeltsen
31. མཐུ་སྟོབས་རྣམ་རྒྱལ། (mthu stobs rnam rgyal) Tutop Namgyel
32. བསྟན་འཛིན་མཐུ་སྟོབས། (bstan 'dzin mthu stobs) Tenzin Tutop
33. བྱམས་པ་བསྟན་འཕེལ། (byams pa bstan 'phel) Jampa Tenpel
34. ཆོས་ཀྱི་སེང་གེ (chos kyi seng ge) Chökyi Senge
35. རྟ་ཆུང་བླ་མ། (rta chung bla ma) Tachung Lama
36. མཁན་ཆེན་ཁྲོ་རུ་ཚེ་རྣམ། (mkhan chen khro ru tshe rnam) Khenchen Troru Tse-

nam

37. མཁན་པོ་ཚུལ་ཁྲིམས་རྒྱལ་མཚན། (mkhan po tshul khrims rgyal mtshan) Khenpo Tsültrim Gyeltsen

38. མཁས་གྲུབ་མི་བསྐྱོད་ཚང་། (mkhas grub mi bskyod tshang) Khedrup Michötsang (né en 1929 en Amdo, Tibet)[5]

---

[5] un des plus importants maîtres vivants de la lignée du Yuthok Nyingthig de qui Dr Nida Chenagtsang a reçu la transmission avec les pouvoirs d'enseigner et de transmettre le Tantra d'Hayagriva et le Yuthok Nyingthig.

ཟུར་བཀོད།
APPENDICES

Liste des chapitres du Yuthok Nyingthig et contenus:

Chapitre	Description
1. Le crochet de fer pour les qualités vertueuses - l'histoire	introduction historique
2. La transmission suprême de pouvoir de la grande félicité répandue vastement	longue transmission de pouvoir
3. La transmission essentielle condensée	transmission de pouvoir courte
4. Le noeud-vajra des Samayas (le lien vajra des Samayas)	Samayas
5. La lampe lumineuse des instructions directes sur le lien vajra des Samayas	Explications supplémentaires sur les samayas
6. Le Joyau qui exauce les souhaits de la pratique externe	Guru Yoga Externe
7. La source qui exauce tous les souhaits du Guru Yoga Interne	Guru Yoga Interne
8. Le guide succint pour les individus fortunés de l'accomplissement secret	Guru Yoga Secret
9. La roue de la sagesse de la Sadhana concise des pratiques du Guru	Guru Yoga Concis
10. La Dakini rapide	Pratique de Dakini
11. La Dakini pressée	Pratique courte de Dakini
12. La réalisation condensée de visualisation des Cinq Familles	Descriptions des Cinq Familles de Bouddha.

Chapitre	Description
13. Le lac d'accomplissements, instructions directes sur le Guru Yoga Intérieur	Etude méditative des Quatre Tantra de Médecine.
14. Le chemin de la sensation de plaisir, suprêmes et directes instructions de l'accomplissement secret.	Guru Yoga Secret simplifié
15. La transmission orale de l'accomplissement secret de la Sadhana du Mahasiddha Mahaguna par la rivière de bénédictions du Guru "Roi de la Médecine".	Tradition murmurée pour le disciple de coeur
16. La torma extérieure qui satisfait totalement	Offrande de Torma
17. L'offrande de torma complètement satisfaisante, connue sous le nom de "source de tous les accomplissements", dans la Sadhana de la rivière de bénédictions du Guru "Roi de la Médecine", l'Activité rituelle qui condense la signification de la mère et du fils, qui est une application de l'offrande de Médecine et de Torma. Offrande pour la complétion rapide des deux accumulations.	Offrande de Torma et de médecine
18. L'offrande du réseau de lumières qui satisfait aux Trois Racines de la Rivière de Bénédiction. (The Net of Lights Fulfilling Offering of the Three Roots from the Blessing River)	offrande qui satisfait et confession
19. Les Trois Kayas auto-produites de l'étape de complétion (The Self-Arising Three Kayas of the Completion Stage)	Dzogrim
20. Le texte Racine des Yantras qui clarifie les ténèbres de la souffrance	Yantra yoga de base

Chapitre	Description
21. L'introduction directe de la libération spontanée du Samsara et du Nirvana du cycle d'enseignements du Dharma, la RIvière de Bénédictions	Dzogchen
22. Eliminer les obstacles des désordres des éléments dans le corps	Etudes médicales en 15 chapitres
23. Eliminer les obstacles des obstructions secrètes des forces démoniaques de la RIvière de Bénédictions.	Pratique pour éliminer les obstacles
24. La lampe du Joyau, qui clarifie les signes sur le chemin	Explications sur les signes de la pratique
26. La prière de la lignée pour le Guru Yoga	Prière pour tous les gurus
26. La rivière de bénédictions	Méditation du guru yoga
27. Suivre les expériences de la pratique quotidienne de la RIvière de Bénédictions	Pratique quotidienne du guru yoga
28. Offrande rituelle des Tormas	Offrande des tormas
29. Celui dont la forme est secrète	Prière à Yuthok
30. Initiation du Yoga de longue vie qui surmonte le démon "Seigneur de la mort", de la Rivière de Bénédictions	Initiation de la pratique de longue vie
31. Pratique de longue vie qui surmonte le démon "Seigneur de la mort"	Pratique de longue vie
32. L'accomplissement complet et rapide par les activités d'offrande du feu	puja du feu

Chapitre	Description
33. La protection complète des peurs grâce à diverses activités de roues de protection, de la Rivière de Bénédictions	Amulette de protection
34. Le scintillant miroir d'argent de divination par la lecture de pouls	méditation sur la lecture du pouls
35. Le cycle du fils de la lecture du pouls, de la Rlvi§re de Bénédictions	courte initiation de la lecture du pouls
36. Le pouvoir et la force de la montagne d'or, les moyens habiles de la suppression des énergies négatives pour la lecture du pouls.	éliminer les obstacles de la lecture du pouls
37. Activités de la Sadhana de la mesure d'argent, du Rishi Jaune.	Pratique de divination
38. Le joyau qui remplit les souhaits de l'accomplissement de la divination du Rishi	Pratique longue du Guru Yoga externe
39. Le rayonnant miroir de la réalisation de la visualisation des protecteurs liés par le serment.	Description des 9 protecteurs
40. La domination des démons courroucés grâce à l'offrande satisfaisante aux 9 protecteurs liés par les liens du serment.	Pratique du protecteur
41. La force empoisonnée de la triple lame de l'offrande octroyante, prières et invocations aux 9 protecteurs des enseignements. (The Poisonous Force of the Threefold Razor of Granting Offering, Praise and Invocations to the Nine Protectors of the Teachings)	Practique des protecteurs

Chapitre	Description
42. L'attraction (la dispersion?) de l'énergie vitale rouge de l'ennemi, en brandissant la roue tournante et courroucée de la sadhana des 9 protecteurs liés par le serment, de la rivière de bénédictions. (*The Drawing Forth of the Enemy's Red Life-Force through Wielding the Spinning Wrathful Wheel of the Sadhana of the Nine Oath-Bound Protectors from the Blessing River*)	Pratique longue des protecteurs
43. L'éclat de lumière fulgurante de l'éclair de la demande de l'offrande aux Protecteurs du Dharma. (*The Very Swift Blazing Flash of Lightning of Offering Petitions to the Dharma Protectors*)	Pratique courte des protecteurs
44. L'essence de la force de vie, du mantra. Manuel des 9 protecteurs liés par le serment. (*The Essence of the Life-Force, the Mantra. Manual of the Nine Oath-Bound Protectors*)	Liste des Mantra des 9 protecteurs

Explications sur le Vajrayana

Origine du Bouddhisme tibétain
Principales écoles du Bouddhisme tibétain
Chöd
Rime
Le système du Vajrayana
L'anatomie Vajra
Le Guru
Le système de la Transmission
Samaya
Base, Chemin et Résultat

Origine du Bouddhisme Tibétain

Le Bouddhisme fut introduit au Tibet au 7ième siècle lors du règne de celui qui fut ensuite appelé le "premier Roi du Dharma", Songtsen Gampo. Il fut l'unificateur de l'empire tibétain et ses épouses chinoises et népalaises apportèrent les 2 premières statues de Bouddha au Tibet.

Au 8ième siècle, les maîtres bouddhistes Padmasambhava et Shantarakshita furent invités par le roie Thrisong Detsen qui fut connu ensuite comme le "second Roi du Dharma".

Les légendes racontent que Padmasambhava, appelé Guru Rinpoche au Tibet, réussit à soumettre les forces négatives du Tibet et établir ainsi le Bouddhisme Vajrayana, le système le plus adapté à la situation.

Les traditions de Tripitaka et du Tantra Externe furent, en ce temps là, considérés comme la base de ce qui fut ensuite appelé la tradition Nyingma, la plus ancienne école Bouddhique tibétaine, qui devint la fondation de toutes les autres traditions bouddhiques tibétaine.

Le troisième Roi du Dharma, fut le roi Relpacen qui fut un grand soutien pour le Bouddhisme, tout au long de son règne au 9ième siècle; après quoi arriva une époque d'éradication et de destruction du Bouddhisme au Tibet.

Le Bouddhisme se mit à fleurir à nouveau au Tibet au 11ième siècle, grâce aux transmissions d'Atisha, le moine indien qui ajouta le Mahayana et divers enseignements Vajrayana aux lignées survivantes de la tradition Nyingma.

Principales école du Bouddhisme tibétain

L'arrivée d'Atisha au 11ième siècle marqua une seconde importante transmission des nouvelles écoles de la tradition Sarma, complétant l'ancienne école Nyingma.
Le Bouddhisme tibétain comporte aujourd'hui quatre traditions principales:

- Nyingmapa, "les anciens", fondée au 8^{ieme} siècle par Guru Rinpoche et Shantarakshita. Leur système est catégorisé par les 9 véhicules dont le plus élevé se nomme l'Ati yoga ou Dzogchen. Les termas ont une importance particulière dans cette tradition.
- Kagyupa, "la tradition orale" qui remonte au célèbre maître tibétain Marpa au 11^{ieme} siècle, ce qui inclut son non moins célèbre disciple Milarépa ainsi que le grand maître Gampopa. Cette tradition orale s'intéresse surtout aux expériences méditatives.
- Sakyapa, "terre grise", qui représente une tradition assez scolaire. Avec à sa tête le "détenteur du trône Sakya", le Sakya Trizin, cette tradition fut fondée au 11^{ieme} siècle par Khon Konchog Gyalpo. Elle promeut le Lamdré, qui voit le résultat de la pratique comme partie intégrante du chemin.
- Gelugpa, "la voie de la vertu", fondée au 14^{ieme} siècle par l'érudit Jé Tsongkhapa. Cette tradition est particulièrement connue pour son emphase mise sur la logique et les débats. Ses chefs spirituels sont le Ganden Tripa et son chef temporel est sa sainteté le Dalaï Lama.

Chöd

Les enseignements du Chöd "couper l'égo", combinent la philosophie de la Prajnaparamita avec des méthodes de méditation spécifiques et des rituels tantriques. Ces enseignements ont été introduits au Tibet par le maître indien Padampa Sangye à la fin du 11^{ieme} siècle. Le nom de Chöd est très intimement lié à Machig Labdron, (1055 - 1149), fondatrice des lignées Chöd du Mahamudra, et qui accomplit la pratique et soutint le développement de ces enseignements. Ces pratiques furent adoptés par les quatre écoles principales bouddhiques tibétaines.

Rimé

Le mouvement Rimé fut créé tout d'abord par les maîtres Jamyang Khyentse Wangpo et Jamgon Kontrul Lodro Thaye au 19^{ieme} siècle afin de contrer le climat de suspiscion et de tension grandissant entre les différentes écoles : Nyingma, Sakya et Kagyu. Il en résulta la création de nombreuses compilations écrites telles que le Rinchen Terdzod.

De plus, les dirigeants de cette lignée et ses principaux maîtres reçurent les enseignements et les intiations de toutes les écoles et lignées bouddhistes.

Comme le Yuthok Nyingthig est pratiqué par les pratiquants ordonnés et yogis de toutes les traditions bouddhistes, il est considéré comme faisant partie du mouvement Rimé. Même si ses racines sont plantées dans la tradition Nyingma, le Yuthok Nyingthig englobe les éléments des écoles anciennes et nouvelles.

Le système du Vajrayana

Il est possible d'utiliser plusieurs types de classifications lorsqu'on décrit le Vajrayana :
- chronologiquement, le Vajrayana est considéré comme le troisième des trois "tours de la roue du Dharma" ; Bouddha Shakyamuni ayant donné le premier tour de la roue du Dharma lorsqu'il donna ses enseignements des 4 Nobles Vérités qui est la base de l'Hinayana d'aujourd'hui ; le second tour de la roue du Dharma étant le moment où le Bouddha enseigna le soutra de la Prajnaparamita sur le pic du Vautour, ce qui a donné le Mahayana. Les enseignements de l'Hinayana se concentrent sur la morale et l'éthique en protégeant l'esprit des émotions destructrices, alors que le Mahayana se focalise sur l'esprit d'Eveil, la Bodhicitta, une attitude tournée vers la libération de tous les êtres sensibles. Le Vajrayana, troisième tour de la roue du Dharma introduit les moyens habiles pour atteindre le but pré-cité de Bodhicitta.
- en terme de méthodologie, le Vajrayana ou Tantrayana, le chemin du résultat peut être distingué du Soutrayana, le chemin de l'accumulation. Tandis que le Soutrayana applique les méthodes de *renonciation*, le Vajrayana met l'accent sur la *transformation*. Tout comme le Mahayana est fondé sur les soutras de l'Hinayana, le Vajrayana ne pourrait pas exister sans la double fondation de l'Hinayana et du Mahayana.

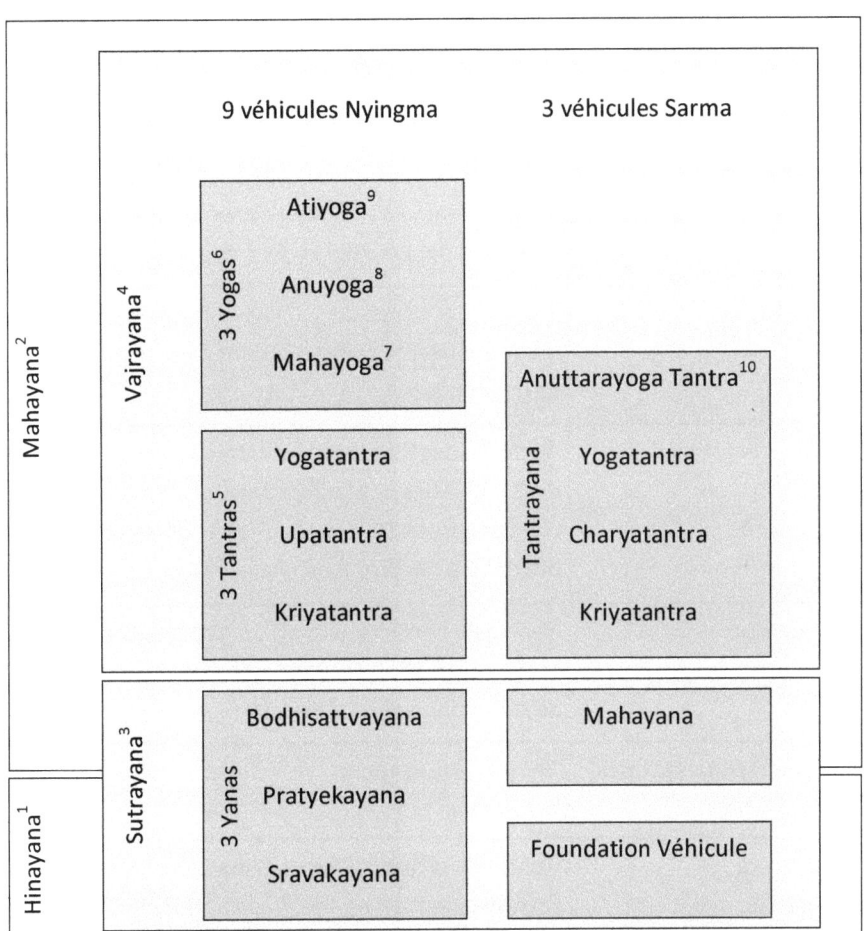

Vue d'"ensemble du sytème du Vajrayana

---

[6] 'petit véhicule (Sanskr.)
[7] 'grand véhicule' (Sanskr.)
[8] 'Véhicule de la parole du Bouddha' (Sanskr.)
[9] 'Véhicule de Diamant' (Sanskr.)
[10] appelé aussi les trois tantras externes
[11] appelé aussi les trois tantras internes
[12] Tib. Kyerim
[13] Tib. Dzogrim
[14] Tib. Dzogchen, résultat du yoga précédent
[15] Résultant du Mahamudra, Tib. Chagchen

Explications sur le système du Vajrayana

Practique ou véhicule	Explications
Sravakayana	'Véhicule de ceux qui écoutent', pratique des vertus, de shamatha, de vipassanana, atteindre la libération personnelle en tant que arhat.
Pratyekayana	'Véhicule de l'éveil de soi', méditation sur l'originie interdépendante sans en référer à un enseignant, devenir un arhat.
Bodhisattvayana	'Véhicule des Bodhisattvas' (êtres éveillés), écoles de Cittamantra et Madhyamaka, pratique de la compassion, et de la méditation et obtention de la bouddhéité au terme de plusieurs éons.
Kriyatantra	'Tantra de l'Activité', rituels de nettoyage, méditation sur une déité, récitation de mantras, obtention de la Bouddhéité en 7 vies.
Upatantra/Charyatantra	'Tantra de la Pratique' : combinant le Kriya et le Yogatantra
Yogatantra	'Tantra de la Réalisation', bénédictions du Guru, auto-visualisation en déité, réalisation en 3 vies.
Mahayoga	'le grand Yoga', pratique de la visualisation de Kyerim (étape de la génération), réalisation en une vie ou lors du passage dans le Bardo.
Anuyoga	'Yoga relatif', pratique du Dzogrim (étape de complétion) qui se focalise sur l'anatomie subtile, réalisation en une vie.
Atiyoga	'Yoga Ultime ', Trekchö ('briser'), vision de Rigpa et Tögel ("le saut direct") qui utilise la Claire Lumière et la réalisation instantanée.

Practique ou véhicule	Explications
Anuttarayoga Tantra	'le plus élevé Yoga Tantra', pratique et résultat du Mahamudra. (le dernier des Quatre Mudras*, considéré comme égal au Mahayoga du Nyingma.)

*les Quatre Mudras se trouvent dans l'Anutarayoga tantra et l'Anuyoga. Ils sont:

1. དམ་ཚིག་ཕྱག་རྒྱ། (dam tshig phyag rgya) Samayamudra
2. ཆོས་ཀྱི་ཕྱག་རྒྱ། (chos kyi phyag rgya) Dharmamudra
3. ལས་ཀྱི་ཕྱག་རྒྱ། (las kyi phyag rga) Karmamudra
4. ཕྱག་རྒྱ་ཆེན་པོ། (phyag rgya chen po) Mahamudra

La base fondatrice est le Karmamudra, la pratique de l'Union. Samayamudra, la méditation sur la félicité et le Dharmamudra, qui est de "garder la conscience", sont des additions. Le Mahamudra est le résultat, l'obtention de la sagesse totale.

Anatomie Vajra

On fait référence ici aux "Trois Vajra" lorsqu'on travaille avec les canaux et les énergies au sein du Bouddhisme Vajrayana qui n'inclut pas seulement le niveau grossier de notre corps, parole et esprit (les Trois Portes), mais aussi plutôt un niveau plus subtil du trio. La réalisation de l'anatomie subtile apporte l'obtention des Trois Kayas, c'est à dire la réalisation de l'être parfaitement éveillé.
Le corps subtil se compose de canaux et de chakras (Tib. tsa khor), dans lequel la parole subtile circule sous forme d'énergie (Tib. rlung). L'essence de cette énergie (en tibétain le tiglé) représente l'esprit subtil. Ce trio est souvent métaphoriquement représenté comme une maison, son habitant et les bijoux de l'habitant (rtsa, rlung, thigle)

Le Guru

Dans le Vajrayana, le guru (en tibétain lama), est considéré comme le Bouddha, la racine de notre réalisation spirituelle. Sans le guru, il ne peut y avoir aucun progrès spirituel, aucune méditation, aucune sagesse. Après ce qui peut être des

années d'évaluation rigoureuse, et selon l'acceptation mutuelle (respectivement) du guru et puis du disciple, le pratiquant (donc le disciple) doit avoir une dévotion totale envers son guru, ainsi qu'une foi absolue afin de recevoir ses bénédictions.
Dans le Yuthok Nyingthig, il y a deux types de gurus principaux: le Guru de l'Apparence Symbolique et le Guru de notre véritable esprit.

Le guru de l'apparence symbolique comporte quatre catégories:

- le Guru Racine, qui vous révèle la vraie nature de votre esprit comme étant celle du Bouddha.
- le Guru de la lignée, qui vient du Vajradhara à votre guru;
- le Guru du Texte, également appelé le Guru Noir qui n'est jamais en colère. Ce sont les textes, les livres des enseignements du Bouddha et des êtres éveillés.
- le Guru de la nature elle même, c'est à dire tous les phénomènes qui apparaissent comme le sujet de nos cinq organes des sens, parfaitement dans l'état de l'union de l'apparence et du vide, c'est à dire, au final, la vie elle même.
- le Guru de notre propre esprit (dans sa vraie nature), c'est la réalisation de notre propre nature, par laquelle, à un niveau de base, tout est une création et une projection de notre propre esprit. Lorsqu'on comprend intimement cette nature ultime de l'esprit, nous serons spontanément libérés des émotions duelles, et la réalisation absolue pourra prendre place dans notre esprit. Ce que le Guru Yoga réalise, c'est notre propre nature.

Le système de la Transmission

Dans le Bouddhisme, les enseignements et les pratiques sont transmises de diverses manières, avec différents engagements et résultats selon les divisions en trois Véhicules et même en un seul véhicule.

Les instructions complètes du Hinayana, enseignées dans le Vinaya du Tripitaka sont habituellement transmises dans un contexte monastique et s'accompagnent des voeux de pratimoksha, un ensemble de plusieurs centaines de codes. Sur la conduite éthique, ils sont considérés comme la base du Bouddhisme avec un ensemble simplifiés de voeux tels que les 5 ou 8 préceptes également suggérés aux pratiquants laïques.

Les enseignements Mahayana sont habituellement transmis librement aux moines et aux pratiquants laïques. Un ensemble de voeux de Bodhisattva (plusieurs douzaines), comme on les trouve dans le Soutra de l'Avatamsaka, sont pris par les pratiquants qui souhaitent intensifier leur pratique de la Bodhicitta.

Le système de transmission dans le Bouddhisme Vajrayana se fait par l'initiation d'une lignée (ou transmission de pouvoir), qui doit être reçue avant le disciple puisse pratiquer un tantra. Le guru transfère les pouvoirs (habituellement cela se fait pour tout un cycle de pratique), car la propre nature de bouddhéité se reflète dans le guru. Le disciple doit alors s'engager selon des samayas spécifiques afin de préserver le lien rituel au guru et de sécuriser ses propres pratiques. Briser ses samayas est une grave perte.

Divers types de transmission de pouvoir existent dans le Vajrayana à cause des différentes pratiques et engagements et résultats en en découlent.

Le rituel de transmission de pouvoir comporte 3 étapes avant d'être complet:

1- དབང༌། (dbang) Wang[16] (sman byang dbang སྨན་བྱང་དབང་)

Wang est le rituel de la transmission de pouvoir, littéralement, le mot signifie "droit" ou "pouvoir". Cela donne la permission au disciple de faire une pratique particulière ou un cycle de pratiques.

2- ལུང༌། (lung) Lung

C'est la transimission par la lecture ou transmission orale, pendant laquelle un détenteur autorisé à le faire, lit la pratique dans le texte racine original au disciple qui l'entend et crée ainsi une connexion auspicieuse avec la pratique.

3- ཁྲིད། (khrid) Trid (grol byed khrid གྲོལ་བྱེད་ཁྲིད་)

La partie la plus essentielle et la plus importante de la transmission de pouvoir.

---

[16] le Wang peut être fait comme le rituel long et complet de la transmission Racine (རྩ་དབང༌།) ou sous la forme condensée (དོན་དབང༌།), de la transmission Essentielle.

Cela consiste en des instructions et explications sur comment effectuer cette pratique en particulier. Sans cela, la pratique ne peut pas être faite correctement.

Certaines pratiques ont leur propre transmission de pouvoir à cause du but spécifique de la pratique ou des engagements à tenir comme pour la transmission de Longue-Vie, ཚེ་དབང་། (tshe dbang)[17], la transmission du protecteur སྲོག་གཏད། (srog gtad)[18], ou la transmission du Rishi spécifique du Yuthok Nyingthig དྲང་སྲོང་རིག་གཏད། (drang srong rig gtad)[19].

La transmission des tantra de l'Anuttarayoga ou les 3 Yogas intérieurs autorise le disciple à être une certaine déité, en leur donnant le droit de se visualiser sous la forme de la déité. Comme le couronnement d'un roi qui est ensuite autorisé à régner après le couronnement. Le processus rituel est divisé en quatre parties, appelées les quatre transmissions de pouvoir:

- Transmission du pouvoir du Vase
- Transmission du pouvoir Secret
- Transmission du pouvoir de la Sagesse
- Transmission du pouvoir du Mot

La transmission du Vase symbolise la purification du corps du disciple, transformant son corps en le corps de la déité (on atteint le Nirmanakaya).
La transmission du Secret purifie la parole du disciple (on atteint le sambhogakaya). La transmission de la Sagesse purifie l'esprit du disciple (on atteint le Sambhogakaya). La transmission du Mot apporte l'union des Trois Kayas qui est la réalisation de ce qui est, tel que ou de la Claire Lumière.

---

[17] La pratique de Longue Vie de Yuthok Nyingthig s'appelle vaincre le Seigneur de la mort.
[18] Le protecteur ici, se réfère au mahakala médical Shanglon qui a fait le serment de protéger la tradition du Yuthok Nyingthig et les Quate Tantra médicaux
[19] Une transmission unique que l'on trouve seulement dans le Yuthok Nyingthig où on demande les bénédictions des Rishis pour améliorer les capacités médicales comme la lecture du pouls.

Samayas

Les Samayas sont un ensemble de voeux ou engagements qui génèrent un lien entre le guru, son disciple et la tradition. Ces Samayas sont créés de façon formelle et s'obtiennent par l'initiation (ou transmission de pouvoir) d'une pratique. Il y a plusieurs niveaux de Samayas dans le Bouddhisme Vajrayana. Les Samayas Vajrayana dont les Samayas du Yuthok Nyingthig par exemple, comportent 14 voeux "racine" ou voeux principaux et 24 voeux "branches" ou sous catégories. De façon similaire, la tradition médicale qui provient du Bouddha, s'accompagne d'un ensemble de serments[20], qui sont respectés par les médecins comme les Samayas le sont par les pratiquants spirituels.

Ils concernent surtout les actions du corps, de la parole et de l'esprit et pour cela, ils agissent comme un catalyseur du progrès spirituel. Un Samaya intact va multiplier les bénfices d'une pratique alors qu'un Samaya brisé ne va pas seulement détruire tous les Samayas mais aussi apporter de graves conséquences négatives et contraires. Avec les Samayas, les actions positives et négatives ont des répercussions karmiques puissantes qui se répercutent sur plusieurs vies.

Certains Samayas brisés peuvent être réparés à temps par des moyens que le guru détermine comme par exemple des tâches spécifiques, faire naître la pleine conscience ou réaliser des pratiques de purification et de confession. C'est la raison pour laquelle le guru et le disciple ne doivent pas prendre leur choix mutuel à la légère, c'est pourquoi les transmissions ne doivent pas être données et reçues sans une compréhension adaptée et c'est pourquoi le Vajrayana ne doit pas être pratiqué sans engagement.

---

[20] Les Samayas médicaux sont:
1. considérez le guru comme Bouddha
2. considérez la parole du guru comme celle d'un Rishi
3. considérez les textes médicaux comme un enseignement du Bouddha
4. considérez vos collègues comme votre famille
5. considérez vos patients comme vos propres enfants
6. considérez le pus et le sang avec le point de vue d'un chien et d'un cochon

Base, Chemin et Résultat

Le principe de développement dans la réalisation spirituelle, selon le Vajrayana est rattaché à ces trois points : BASE, CHEMIN, RESULTAT

La Base fait référence à la compréhension du corps vajra. Les études des canaux et des chakras, des énergies et de l'essence sont une partie intégrante de l'éducation de tout pratiquant tantrique.

Le Chemin fait référence à la pratique du Kyerim et du Dzogrim. Tandis qu'on marche sur le chemin, il y a 3 pas à prendre:

1. ཐོས། (thos) écouter
2. བསམ། (bsam) réfléchir
3. བསྒོམ། (bsgom) méditer

Grâce à l'écoute, (ou à la lecture), le disciple reçoit une éducation d'information, après laquelle il doit faire le second pas qui est un processus analytique de réflexion sur le sujet afin d'en avoir une compréhension profonde. Les doutes et la confusion doivent être écartés par des discussions et des questions. Suite à cette base propice d'éducation, et une compréhension claire, le troisième pas peut être franchit, c'est la méditation et elle pourra ainsi progresser de façon favorable.

Il y a donc divers signes qui indiquent les progrès du disciple et le maître spirituel doit les connaître. Cela souligne une fois de plus l'importance de la présence indispensable du guru dans le Bouddhisme Vajrayana.

Les progrès peuvent être :
- Graduels
- Instables
- Instantanés

La réalisation graduelle est basée sur une fondation stable en pratiquant avec patience d'une manière constante et soigneuse. Un progrès instable est marqué par des hauts et des bas des expériences méditatives et certains signes.

Pour obtenir la réalisation, il est particulièrement important de ne pas être attaché aux résultats positifs et au fait que quelque chose puisse apparaître.

La réalisation instantanée est possible pour un nombre très réduit de pratiquants qui ont un karma parfait et qui ont été créé par la détermination et les efforts de pratique dans les vies précédentes.

De toute façon, la réalisation arrivera seulement grâce au guru yoga.

Le Résultat fait référence à l'obtention des Trois Kayas ou du corps d'Arc en Ciel. Cela sera atteint sans aucun doute si le chemin correct est suivi jusqu'au bout.

Glossaire

Arura	Plante médicinale, appelée aussi terminalia chebula, ou myrobolan chébulique. C'est la plante que tient le Bouddha de Médecine dans sa main droite.
Atisha	Moine et savant indien bouddhiste du 10^{ieme} et 11^{ieme} siècle à qui on attribue l'introduction de la seconde vague du Bouddhisme Vajrayana au Tibet.
Avatamsaka Sutra	Soutra du Canon Sanskrit. Appelé aussi le soutra de la guirlande de fleurs et qui explique l'origine interdépendante et les 10 bhumis.
Bardo	Etat transitoire après la mort et avant la renaissance.
Bhumi	Etapes de progression sur le chemin gradué du Bodhisatva vers l'éveil (voir aussi Avatamsaka Soutra)
Bodhicitta	Littéralement, cela signifie "l'esprit d'éveil", c'est l'esprit compassionné qui cherche à atteindre l'éveil pour le bien de tous les êtres sensibles.
Bodhisattva	Etre éveillé qui dédie toutes ses actions pour le bénéfice de tous les êtres sensibles.
Bumbachen	Littéralement, la respiration du vase; une forme tantrique du yoga pour le corps.
Chakra	Centre de croisement des canaux et de l'énergie, dans le corps.
Canal	Chemin de circulation d'énergie dans le corps.
Circumambulation	Pratique spirituelle physique qui consiste à marcher autour d'un objet de vénération.

Claire Lumière	Expérience spirituelle de la nature innée, c'est aussi l'union des Trois Kayas. (voir Trois Kayas)
Etape de Complétion	*voir Dzogrim*
Etape de création	*voir Kyerim*
Dakini	Etre éveillé féminin, (voir Trois Racines)
Dalaï Lama	Haut lama dans l'école Gelugpa du Bouddhisme Tibétain.
Déité	Un Bouddha qui fait l'objet d'un pratique personnelle (voir aussi Trois Racines)
Origine dépendante	Concept Bouddhiste central qui est que rien n'existe en soi; complémentaire du concept de vacuité. (voir aussi vacuité)
Deva	*Voir Déité, Trois Racines*
Dharma	Mot sanskrit qui désigne les phénomènes. Bouddhadharma désigne les enseignements du Bouddha.
Dharmakaya	Réalisation de l'esprit subtil *voir aussi Trois Kayas*
Dharmapala	Mot tibétain qui désigne le protecteur (voir aussi protecteur)
Dorje Sempa	*voir Vajrasattva*
Dzogrim	Appelé aussi l'étape de Complétion, une phase de perfectionnement de la pratique méditative grâce à la pratique de yoga et de méditation sur l'anatomie subtile.

Vacuité	Concept central du Bouddhisme, qui dit que rien n'échappe à l'existence interdépendante. C'est complémentaire de l'origine dépendante des phénomènes. voir aussi *origine dépendante*
Cinq familles de Bouddha	Appelées aussi les Cinq Dhyani Bouddhas. Représentation de Dharmakaya symbolisant les Cinq Sagesses. Voir aussi Cinq Sagesses
Cinq Sagesses	Série de Cinq états mentaux attribués au Dharmakaya, on les nome : la sagesse du Dharmadatu, la sagesse du miroir, la sagesse de l'équanimité, la sagesse de la différentiation, la sagesse de l'accomplissement.
Quatre incommensurables	Série d'états d'esprit vertueux qui doivent etre cultivés dans le Bouddhisme: l'amour-gentillesse, la compassion, la joie empathique, et l'équanimité.
Quatre Nobles vérités	Doctrine Bouddhique centrale, présentée comme le premier enseignement après l'éveil du Bouddha Shakyamuni: la nature de la souffrance, la cause de la souffrance, la cessation de la souffrance et le chemin qui mène à la cessation dela souffrance.
Gampopa	Médecin tibétain et disciple de coeur de Milarepa
Ganapuja	Fête bouddhiste et offrande, et parfois confession
Ganden Tripa	Leader officiel de l'école Gelug du Bouddhisme tibéain (voir ces mots)
Geshe	Diplôme académique officiel du Bouddhisme pour les nonnes et les moines.
Guru Rinpoché	Egalement connu sous le nom de Padmasambhava, le second Bouddha, celui qui introduit le Bouddhisme Vajrayana au Tibet au 8^{ieme} siècle. Fondateur de l'école Nyingma.
Hayagriva	L'un des principaux Dharmapalas dans le Vajrayana

Disciple de coeur	Principal disciple d'un maître spirituel ou d'un guru dans une tradition
Etat intermédiaire	*voir Bardo*
Karma	Concept des actions du corps, de la parole et de l'esprit comme étant la base cu cycle samsarique selon la loi des causes et des effets.
Karma Yoga	Pratique altruiste dans la vie quotidienne
Kusali	Pratique d'offrande de son propre corps
Kyerim	Appelé aussi étape de création: une phase de développement de la pratique spirituelle dont le but est de purifier le pratiquant qui est la déité.
Lignée	*voir Tantra*
Loka	Royaumes du Samsara: dieux, asuras, humains, animaux, pretas et êtres de l'enfer.
Mahakala	Un des principaux Dharmapalas dans le Vajrayana
Mandala	Habitudellement rond ou carré: symbole bouddhiste représentant l'univers.
Manjushri	être éveillé associé à la Sagesse
Mantra	Une syllabe ou un groupe de syllabes ayant un pouvoir spirituel caché contenu dans ses vibrations.
Bouddha de Médecine	Bouddha de la médecine et de la guérison, présenté dans le soutra du Bouddha de Médecine par le Bouddha Shakyamuni.
Milarepa	Le plus célèbre Yogi tibétain, disciple de coeur de Marpa, plus tard étudiant de Naropa.

Mudra	Signifie littéralement: geste. Habituellement réalisé avec les mains, par les Bouddhas pour exprimer une signification symbolique.
Université de Nalanda	L'une des premières et plus célèbres résidences mondiales des universités Bouddhistes qui a existé en Inde du 5^{ieme} au 13^{ieme} siècle avec plus de 10 000 étudiants et enseignants, sur un terrain de 150 000 mètres carrés, possédant jusqu'à 200 villages à la fois.
Naropa	Disciple de coeur de Tilopa, à qui on attribue la création des 6 yogas. *Voir aussi Tilopa*
Ngakpa, ngakmo	*voir Yogi, yogini*
Niguma	Equivalent féminin de Naropa, parfois considérée comme sa soeur, à qui on attribue la création des 6 Yogas, *voir aussi Naropa*
Nirmanakaya	Réalisation de l'anatomie subtile, *voir aussi Trois Kayas*
Nirvana	Libération de l'esprit de la souffrance
Odiyana	Pays d'origine de Guru Rinpoche
Padmasambhava	*voir Guru Rinpoche*
Soutras de la Prajnaparamita	Collection de soutras en Sanskrit. Canon qui traite des concepts de la Prajnaparamita, la Perfection de Sagesse, la considérant comme une partie importante dans le chemin du Bodhisattva, stipulant que les phénomènes n'existent que dans l'esprit.
Prosternation	Pratique physique et spirituelle de se prosterner devant un objet de vénération.
Protecteur	Emanation du Bouddha, apparaissant sour la forme d'une déité courroucée pour défendre ou protéger le Dharma.

Puja	*voir Ganapuja*
Corps d'arc en ciel	Expression de la complète réalisation, résultat de la pratique Dzogchen de Thögal
Champ de refuge	Appelé aussi arbre de refuge: représentation visualisée ou peinte des gurus et transmissions d'une lignée d'une tradition Bouddhiste.
Retraite	Un certain temps de solitude ou une expérience en communauté, dédiée seulement à la pratique spirituelle.
Rishi, rishika	Un sage, homme ou femme qui a atteint la réalisation spirituelle
Sadhana	Pratique spirituelle dont le but est d'atteindre l'éveil.
Shamatha	méditation du calme mental pour apaiser l'esprit et augmenter sa capacité de concentration, fondement de la méditation intuitive.
Sambhogakaya	Réalisation de la parole subtile ou énergie *voir aussi Trois Kayas*
Samsara	Cycle qui se répètent de la naissance, vie et mort et renaissance dans l'un des 6 lokas. (voir ce mot)
Sangha	Communauté monastique de moines ordonnés ou de nonnes, *voir aussi Trois Joyaux*
Bouddha Shakyamuni	Bouddha historique et fondateur du Bouddhisme
Shantarakshita	Célèbre abbé et érudit de l'université de Nalanda au 8^{ieme} siècle en Inde, qui, avec Guru Rinpoche, a introduit le Bouddhisme Vajrayana au Tibet

Somaradza	Célèbre commentaire des Quatre Tantra médicaux, écrit par le traducteur Vairotsana, au 8^{ieme} siècle.
Sowa Rigpa	Littéralement, "science de guérison", c'est le terme vernaculaire qui désigne la "médecine tibétaine"
Stupa	Une construction qui contient des reliques bouddhiques, symbolisant la présence du corps de Bouddha.
Sumtön Yeshe Zung	Le disciple de coeur de Yuthok
Soutra	Enseignement ou parole du Bouddha *voir aussi Tripitaka*
Tanadug	Terre pure ou jardin du Bouddha de Médecine.
Tantra	Cela signifie littéralement: lignée d'enseignement; système de transmission des enseignements d'une tradition; si la lignée est ininterrompue, cela préserve la pureté et l'origine de l'enseignement.
Terma	Cela signifie littéralement: trésor caché. Fait référence aux enseignements spirituels sercret et cachés par Guru Rinpoché ou par sa parèdre Yeshe Tsogyal, au 8^{ieme} siècle, afin d'être découvert plus tard par des gens qui deviennent alors des tertöns.
Thangka	Un tableau qui représente une déité bouddhique, une scène ou un mandala
Trois Portes	Corps, parole, esprit
Trois Joyaux	Objet de refuge pour les Bouddhistes. Il s'agit du Bouddha, du Dharma, et de du Sangha.
Trois Kayas	Nirmanakaya, Sambhogakaya et Dharmakaya: réalisations de l'anatomie subtile pour un être complètement éveillé

Trois poisons mentaux	Attachement, haine et ignorance
Trois Racines	Objet de refuge pour les pratiquants bouddhistes tantriques qui sont le Guru, le Deva, et les Dakini
Trois Vajras	Corps Vajra, Parole Vajra, Esprit Vajra
Tilopa	un pratiquant tantrique et mahasiddha qui a développé la méthode de Mahamudra; ses célèbres Six Conseils est un enseignement qu'il a donné à son disciple de coeur Naropa.
Torma	Une figurine faite de farine et de beurre utilisée pour les rituels tantriques ou comme offrandes dans le Vajrayana.
Tripitaka	Trois catégories (littéralement "paniers") de textes: les soutras, l'Abhidharma, et le Vinaya, qui constituent les canons fondateurs bouddhiques qu'on appelle aussi le Canon Pali.
Tsongkhapa	maître célèbre du Bouddhisme tibétain, fondateur de l'école Gelug.
Vajrasattva	Etre éveillé associé à la pratique de purification.
Vajravarahi	Déité courroucée féminine, parèdre de Chakrasamvara, une figure importante pour l'école Kagyu.
Vinaya	*voir Tripitaka*
Vipassana	Méditation intuitive qui entraîne la réalisation spirituelle, basée sur Shamata.
Yabyum	Mot tibétain qui signifie "union" ou "en union".
Yantra Yoga	Yoga du mouvement *voir aussi Yoga*
Yidam	*voir Déité*

Yoga	Littéralement: atteindre la vérité. Pratique spirituelle du corps, de la parole, ou de l'esprit.
Yogi, yogini	Pratiquant masculin, pratiquante féminine du Yoga- *voir aussi Yoga*

Bibliographie

Sources tibétaines

གཡུ་ཐོག་སྙིང་ཐིག་རྒྱུད་སྐུབ་ཕྲུག་བསྟན་སྲུན་མེལ། ཕྱགས་པོ་རི། ཕྱགས་པོ་རིའི་དཔར་ཁང་། ཤིང་དཔར་མ།

གཡུ་ཐོག་སྙིང་ཐིག སྨན་མཆོག་ཉིན་འཛུགས་ཁང་། བོད་ཅིས་མི་རིགས་དཔེ་སྐྲུན་ཁང་། ཕྱགས་དཔར་མ།

གཡུ་ཐོག་སྙིང་ཐིག་ཚོ་ག དྲ་རམས་ས་ལ་སྐུན་ཆིས་ཁང་། དྲ་རམས་ས་ལ་སྐུན་ཆིས་ཁང་། ཕྱགས་དཔར་མ།

གཡུ་ཐོག་སྙིང་ཐིག ཨ་དུ་རསྐྱེན་གྱི་ཚིགས་པ། མི་རིགས་དཔེ་སྐྲུན་ཁང་། ཕྱགས་དཔར་མ།

English Sources
Chenagtsang N. *The Tibetan Art of Good Karma: The Hidden Treasure of the Turquoise Way*. Sorig Publications Australia, 2011

Parfionovitch Y, Dorje G. *Tibetan Medical Paintings: Illustrations to the Blue Beryl, Treatise of Sangye Gyamtso (1653 - 1705: Plates and Text)*. New York, Harry N Abrams, 1992.

Yeshe Tsogyal. *The Lotus-Born: The Life Story of Padmasambhava*. Hong Kong, Rangjung Yeshe Publications, 2004.

Namkhai Nyingpo, Gyalwa Changchub. *Lady of the Lotus-Born: The Life and Enlightenment of Yeshe Tsogyal*, Boston, Shambala Publications, 1999.

The Life of Shabkar: The Autobiography of a Tibetan Yogin. Translated by Matthieu Ricard. Ithaca, Snow Lions Publications, 2001.